As homicidas

FÓSFORO

ALIA TRABUCCO ZERÁN

As homicidas

Tradução
SILVIA MASSIMINI FELIX

A Paula

Para eles, é selvagem aquela que não dá o braço a torcer.

Christa Wolf, *Medeia*

É estranho, senhores juízes, é como se já me houvésseis julgado outras vezes.

Marguerite Yourcenar, *Clitemnestra ou o crime*

Fora da lei

Assassinas, respondo eu, repetidas vezes, quando me perguntam sobre o assunto deste livro. Estou pesquisando casos de mulheres assassinas. E, diante de mim, como um roteiro teimoso, se desenrola a mesma cena toda vez que falo. Homens e mulheres franzem o cenho, olham para mim aflitos, balançam a cabeça para cima e para baixo e aprovam minha decisão de enfrentar um problema tão urgente, tão terrível, tão comum na América Latina. É minha vez. O momento em que eu, ponto a ponto, devo esclarecer o equívoco deles e comprovar como a empatia se transforma em desaprovação e medo. Em vez de ouvir a palavra "assassinas", um estranho lapso mental os leva a entender o oposto: "assassinadas".

Passada minha perplexidade, esse mal-entendido logo me permitiu compreender uma questão fundamental: é mais fácil imaginar uma mulher morta do que uma mulher que mata. E não importava se eu dizia "mulheres violentas" ou "homicidas", o mesmo deslize, mais cultural do que auditivo, conseguia apagar a imagem perturbadora de uma mulher armada e substituí-la por outra desarmada e debaixo da terra. Mulheres e assassinas eram verdadeiros antônimos, palavras que juntas eram inaudíveis, inimagináveis, a ponto de provocar desde uma curiosa surdez até as fantasias mais aterrorizantes: a aparição de bruxas, medeias, vampiras, *femmes fatales*.

Esse engano, aliás, não ocorre com a palavra "assassinos", e a boa audição tampouco parece ser a responsável. As leis invisíveis do gênero operam de maneira subterrânea, canalizando o roteiro da violência sempre na mesma direção. Um homem que mata, não importa quais sejam seus motivos ou suas vítimas, suas armas ou suas circunstâncias, não põe em dúvida sua masculinidade. Seu ato de violência é considerado sempre uma possibilidade e serve inclusive para corroborar seu status de *homem de verdade*. Uma mulher que mata, pelo contrário, está duas vezes fora da lei: fora das codificadas leis penais e fora das leis culturais que regulam a feminilidade. E essa dupla transgressão, essa rebeldia duplicada, era a causa do eloquente curto-circuito. Se eu quisesse escrever este livro, se meu objetivo fosse recuperar casos emblemáticos das mulheres homicidas, seria necessário treinar novamente o ouvido para escutar o eco de seus disparos.

Mas por que eu queria escrever este livro? O que me levava a vagar entre arquivos empoeirados e a enfrentar olhares de suspeita e temor? Em um momento em que o feminismo saiu às ruas para denunciar as dimensões epidêmicas da violência de gênero, *por que escrever agora sobre mulheres assassinas?* não é uma pergunta trivial. Não faltará quem considere esta publicação um erro. Um desvio desnecessário para uma questão minoritária quando acaba de surgir a frágil consciência sobre quem são as vítimas majoritárias do machismo. E também haverá aqueles que esmiuçarão estas páginas em busca de uma equivalência ardilosa entre a violência sistemática que as mulheres sofrem e outra que é, de fato, excepcional. Não pretendo servir ao objetivo desses leitores. Meu propósito não é minimizar a preocupante recorrência dos feminicídios nem promover o assassinato como arma na luta feminista. As mulheres que matam são excepcionais, e é preferível que assim seja. Por que então me dedicar às perpetradoras? O que me atraiu nas homicidas?

O impulso motivador de um livro é sempre difícil de desvendar. Curiosidade, teimosia, morbidez, desejo e rebeldia se entrelaçam, à distância, quando penso nos primórdios de *As homicidas*. A essa intrincada origem se acrescenta uma intuição e uma anedota. Vou começar com a primeira. Trata-se de uma suspeita que me guiou desde o início, mas que só agora, no fim de um percurso sinuoso, consegui confirmar: recordar as mulheres *más* é também uma tarefa do feminismo. E não estou me referindo ao resgate de figuras perseguidas injustamente, como as "bruxas" que Silvia Federici salva da fogueira da ignorância. Tampouco às contestadoras que Sara Ahmed reivindica como os membros mais irritantes e necessários das reuniões de família. Falo aqui de verdadeiras malfeitoras, de assassinas confessas, de seres à beira do irrecuperável, mas que são cruciais para um feminismo que procura ampliar o leque afetivo de homens e mulheres. Homens que não baseiam mais sua masculinidade na violência e mulheres que podem expressar raiva sem perder a humanidade.

A pressão para que nós mulheres sejamos mães perfeitas, filhas e esposas exemplares e profissionais de sucesso atingiu níveis insustentáveis. O anjo do lar de Virginia Woolf nos sobrevoa de perto e lança suas ferozes demandas dentro e fora da casa. Resistir a suas exigências e questionar suas intenções é, hoje, um gesto de sobrevivência. É preciso perguntar ao anjo por que devemos ser sacrificiais e passivas, silenciosas e serviçais, e o que há de errado em manifestar nossa raiva ou frustração. Woolf propõe, traiçoeiramente, assassiná-lo. Eu sugiro um confronto entre aquele anjo e as homicidas. Diante de seu olhar vigilante, proponho recuperar as que não foram heroínas, as delinquentes, as presidiárias, até mesmo aquelas que empunharam uma arma e dispararam à queima-roupa. Ante suas demandas irritantes, recomendo resgatar um punhado de assassinas, mulheres raras, antíteses de Simone de Beauvoir ou Amanda Labarca, cujas vidas em nada se parecem com as de Flora Tristán ou Mary Wollstonecraft, mas que nos permitem verificar o que acontece quando frustramos as expectativas que pairam como uma guilhotina invisível sobre nossa cabeça. Seus crimes, embora perturbadores, são uma janela privilegiada para observar como mudou o significado histórico de ser mulher. Suas contradições e seus fracassos servem como um espelho opaco no qual é possível ver refletidos sentimentos que quase nunca são permitidos às mulheres. E é por isso que recordá-las, reviver seus atos e seus julgamentos, reconstruir as cenas de seus crimes é fundamental para o feminismo. Ver-nos nelas, vê-las em nós e pronunciar seus nomes sem medo: Corina Rojas, Rosa Faúndez, María Carolina Geel e María Teresa Alfaro.

As razões para eu ter me concentrado nessas quatro mulheres são muitas: as armas que usaram em cada ocasião — apontadas tanto a crianças quanto a adultos —, o impacto público de seus crimes, suas surpreendentes condenações e o fato de terem inspirado romances, canções, poemas, peças de teatro e filmes. Poderia ter incluído outras, é claro. Assassinas como a norte-americana Aileen Wuornos, imortalizada no filme *Monster: desejo assassino*, ou como a condessa sangrenta Erzsébet Bathory, relembrada graças à escrita de Valentine Penrose e Alejandra Pizarnik. Ou como María del Pilar Pérez, cujos múltiplos crimes lhe valeram no Chile o apelido de "a nova Quintrala", há menos de uma década. Ou, quem sabe, eu poderia ter focado na velha Quintrala, Catalina de los Ríos y Lisperguer, batizada pela crítica Alicia Muñoz como "a mãe perversa da nação chilena" e acusada durante a época colonial de envenenar seu pai, de ordenar a morte de seu amante e de torturar e assassinar inúmeros escravos. Escolhi, no entanto, andar por uma rota menos transitada. Queria ver e ouvir mulheres comuns, profissionais, proletárias, aristocratas e empregadas domésticas, cujos crimes ocorreram no Chile do século 20, mas que me permitissem esquadrinhar além das estreitas fronteiras do país e dos pormenores de seus casos.

Os crimes cometidos por Rojas e Faúndez, por Geel e Alfaro, provocaram na sociedade chilena as mais extremas reações: indignação, incredulidade, estupor, medo e até mesmo um silêncio eloquente. Seria possível que assassinatos tão sangrentos tivessem sido cometidos por mulheres? Sua violência homicida se devia aos avanços do feminismo? As mulheres, ao alcançar a temida igualdade, matariam tanto quanto os homens? Icônicos na história policial chilena, esses assassinatos ocorreram em momentos-chave do feminismo. Ou, talvez, a lógica seja inversa: cada explosão feminista contou com seu assassinato exemplar, um caso que serviria de bode expiatório para punir a mulher insubordinada. Não é por acaso que o crime de Corina Rojas, ocorrido em 1916, tenha coincidido com o alvorecer da primeira onda feminista; que o da jornaleira ambulante Rosa Faúndez tenha sido usado em 1923 para questionar as consequências *mortais* da inclusão das mulheres no mundo do trabalho; que o crime cometido em 1955 pela escritora María Carolina Geel tenha servido de desculpa para debater os perigos do feminismo depois da conquista do pleno direito de voto; e que a série de assassinatos descobertos em 1963 e executados pela empregada doméstica María Teresa Alfaro tenha ocorrido na década da liberação sexual das mulheres. Esses casos e suas representações, como observa lucidamente a intelectual argentina Josefina Ludmer, coincidem com a chegada das mulheres à esfera pública e servem para conter, por meio de castigo ou de perdão, a ansiedade desencadeada pelas mudanças iminentes nas estruturas de poder masculinas.

À medida que essa pesquisa avançava, meu trabalho foi se tornando cada vez mais difícil. Minhas quatro protagonistas foram perdendo o halo de personagens míticas e se transformaram, pouco a pouco, em pessoas de carne e osso. Às vezes, elas me pareciam rebeldes e depois submissas; primeiro loquazes e em seguida cautelosas; frias e apaixonadas. As homicidas submergiam em um mar revolto que eu tinha de aprender a navegar. Essa tarefa levaria anos. Um tempo em que tive, em primeiro lugar, de me aperfeiçoar na arte da suspeita. Devia duvidar da palavra de advogados e médicos, interrogar o sensacionalismo dos repórteres, desconfiar das narrativas dos romances e compreender que uma pergunta é muitas vezes uma acusação velada. Apenas se duvidasse dos emissários da lei, que às vezes são juízes e outras vezes artistas, eu poderia, com um pouco de sorte, ouvir as vozes das assassinas. E essas vozes, as de Corina e de Rosa, as de Teresa e de Carolina, estavam ocultas entre outras muito mais estrondosas: entre os veredictos das sentenças, nas letras das músicas e nas páginas de arquivos antigos que ninguém quisera rever.

Desenterrar esses arquivos foi um desafio muito maior do que eu esperava. E um episódio de minha tarefa como detetive improvisada me demonstraria os obstáculos que eu precisava superar. Em janeiro de 2015, sob um inclemente sol de verão, me dirigi ao Arquivo Judiciário para verificar por mim mesma que não existia nenhum vestígio dos processos das homicidas. Já haviam me advertido na Biblioteca Nacional, onde eu tinha encontrado alguns jornais antigos, que a tarefa era quase impossível, que eu não perdesse meu tempo naquele prédio decadente e administrado por funcionários hostis e sonolentos. Mas eu suspeitava de que muitas sentenças deveriam continuar ali e que, com paciência, encontraria o que procurava. Esperei por quase três horas para que o arquivista me atendesse. E, quando ele apareceu, arrastando os pés e emergindo da escuridão de sua sala, entendi algo que até ali eu só intuía. Expliquei de que precisava. Sorri. Até fiz uma piada para ganhar a simpatia dele. Mas ele, entrecerrando as pálpebras até formar duas linhas bem finas e escuras, me perguntou como poderia *saber, realmente saber*, que eu não estava à procura de outro tipo de documento, de papel delicado sobre uma época que era preferível deixar para trás. Que época?, foi o que indaguei. E nenhuma resposta lhe pareceu necessária.

Escavar o passado é um ato perigoso em um país fundado sobre um pacto de silêncio. Um pacto que promoveu a impunidade e o medo, que impôs mais esquecimento do que memória e que, décadas depois do fim da ditadura, se encarnava agora nesse arquivista. Sempre soube que envolvia militares e alguns civis, mas desconhecia seu efeito corrosivo sobre o resto da sociedade. E, embora estas páginas não sejam sobre esse pacto nem sobre esse silêncio, embora mergulhem em outros recantos de nossa história, elas revelam e violam um segredo que também faz parte desse país temeroso e amnésico. O Chile quis esquecer Corina Rojas, Rosa Faúndez, Carolina Geel e Teresa Alfaro. Quis escondê-las atrás da espessa cortina do amor, da paixão e dos ciúmes, fazê-las desaparecer sob a máscara de Quintralas e de Medeias. E eu, nestas páginas, quero de uma vez por todas tirar-lhes essa máscara.

Agora é o momento da anedota que mais se parece com uma confissão e que se entrelaça também às origens deste livro. Não há, em minha família, parentes que protagonizaram atos sangrentos, costumo tapar os olhos se um cadáver aparece na televisão e o mais próximo que já cheguei de uma arma é um antigo trabuco (com apenas um C) que dei ao meu pai para fazer uma graça com nosso sobrenome. E, apesar da distância entre minha vida e a dessas mulheres, entre meus mortos e seus mortos, entre suas condenações e as minhas, aqui estou, diante de um manuscrito em que descrevo o fio de uma adaga, o efeito de um veneno e o estrondo de um disparo, e a pergunta ainda continua aqui, pairando: por quê?

Quando eu era criança, em um tempo agora distante e confuso, decidi que queria ser advogada. Talvez tenha sonhado em defender os direitos humanos ou que eu, em meus tímidos sete anos, conseguiria pôr os criminosos atrás das grades. Não me recordo de ter tido grandes dúvidas e, quando por fim elas surgiram, insidiosas, já era tarde demais. Sentada na última carteira de uma grande sala da Universidade do Chile eu escutava, entre bocejos, um professor falando sobre a importância dos prazos no direito processual. Mais fiel à minha teimosia do que ao meu desejo, resisti a essas aulas e a outras piores e cheguei ofegante ao final da corrida. Faltava-me apenas fazer o estágio e jurar perante a Suprema Corte que eu desempenharia honrosamente minha profissão.

Transcorria o mês de março quando cheguei ao prédio da Assistência Judiciária Gratuita. Subi as escadas até o terceiro andar e bati na porta de um escritório. Uma ao lado da outra, duas mesas compridas serviam de escrivaninhas em que dezenas de estagiários atendiam seus novos representados. A secretária me sugeriu que entrasse, confirmou meu nome e me entregou uma montanha de pastas. E de passagem, como se fosse uma questão sem importância, acrescentou: Amanhã um de seus recursos de apelação expira. Eu não sabia o que dizer. Avancei desajeitada até o único espaço livre, uma cadeira em frente a uma janela enorme, e desabei.

Naquela noite, não dormi. Fiz uma garrafa térmica de café e escrevi palavra por palavra o recurso que tinha de apresentar na manhã seguinte. Logo cedo, fui para o escritório, deixei o rascunho na mesa do advogado-chefe e esperei que ele assinasse para levá-lo ao tribunal o quanto antes. Meia hora depois, uma voz seca pronunciou meu sobrenome. De um sobressalto, abandonei minha cadeira e fui até seu gabinete. Acima de sua cabeça estava pendurado um diploma de direito e, ao seu lado, um calendário indicava o vencimento de dezenas de prazos. Ele estendeu a mão e com o dedo indicador deu algumas batidinhas no documento que tinha me mantido acordada. E sem olhar para cima, balançando a cabeça em reprovação, disparou seu veredicto: Não estamos aqui para escrever literatura. Um lápis vermelho havia riscado parágrafos inteiros, apagado adjetivos e substituído minhas palavras por outras que soavam como o ranger de centenas de unhas contra um quadro-negro: venho redigir um recurso, por favor, meritíssimo, excelentíssima Corte. Eram as palavras da lei. E eu tinha de memorizar as reverências se quisesse entrar no seleto grupo de advogados.

Passaram-se seis meses com uma lentidão cruel, mas chegou o último dia de meu estágio como advogada. Eu só precisava de um rito, aquele que para muitos era o começo e, para mim, o tão esperado fim. Lembro-me de que escolhi uma jaqueta vermelha e que em seu bolso havia uma passagem que me levaria embora naquele mesmo dia. Contudo, ainda com mais nitidez me recordo de minha alegria quando levantei a mão e, diante daquele grupo de juízes, cercada por retratos de ilustres advogados, disse sim, sim, sim, enquanto prometia a mim mesma, em silêncio, que nunca, jamais, voltaria a pisar em um tribunal.

Mantive minha promessa durante quase dez anos. E a quebrei no dia em que comecei esta pesquisa. Temerosa, convencida de que alguma armadilha me esperava, voltei aos tribunais de justiça, mas, em vez de me submeter às suas regras e aos seus rituais, enxerguei aquele espaço sob uma nova luz. Um palco trágico, em que se representam as obras mais terríveis e se definem os mais dramáticos destinos. Voltei a ver o estrado e o juiz, notei os advogados e o exército de escrivães, observei a justiça cega e sua balança torta. E, apenas sob essa nova luz, ou talvez essa nova sombra, pude contemplar essas quatro mulheres além de seu perfil criminal. Eu as vi de frente pela primeira vez e entendi que se situavam, como Medeia e Lady Macbeth, como Medusa e La Quintrala, em um interstício. Entre o mito e a realidade, entre o passado e o presente, entre o direito e a literatura. Decidi chamá-las de "homicidas", recobrando da sombra dos códigos essa palavra condenatória (*homo* — homem, *caedere* — matar), esse delito indizível, impensável para uma mulher; e decidi revisitar suas vidas e seus crimes, criar ficções e realidades, e escrever com violência sobre a violência, com amor sobre o amor, com medo sobre o medo. Decidi escrever este livro contra aquele lápis vermelho, contra todos os lápis vermelhos que insistem, já faz muito tempo, em demarcar para nós, mulheres, os limites estreitos da lei.

"Um morto para o coração"

CORINA ROJAS

POUCO ANTES DA MEIA-NOITE DE SEXTA-FEIRA do dia 21 de janeiro de 1916, um menino de dez anos chegou ofegante a uma delegacia da polícia no centro de Santiago. Questionado sobre o que tinha acontecido, o menino respondeu, aos soluços, que seu pai, David Díaz Muñoz, jazia morto na cama. Os investigadores se levantaram abruptamente e correram para a casa do menor. E lá, abraçada ao corpo ensanguentado e chorando desconsolada, encontraram uma mulher: Corina Rojas, de 27 anos.

É assim que o relatório da polícia daquela época descreve o episódio. Como revelam suas páginas, agora corroídas pela passagem do tempo, a família tinha participado de um animado jantar na companhia de um grupo de amigos. Depois que os convidados foram embora, passadas as onze da noite, David Díaz foi para o quarto, se deitou e adormeceu. Corina, enquanto isso, se arrumava no banheiro em companhia de uma de suas empregadas domésticas. Somente ao voltar para o quarto encontraria seu marido, de 62 anos, esfaqueado no coração.

"Crime horrível em Santiago", foi a manchete no dia seguinte do jornal *El Mercurio*, mas foi o *Las Últimas Noticias*, de perfil mais sensacionalista, o periódico que imortalizou na capa esse icônico assassinato: "O sensacional crime da rua Lord Cochrane". Um hematoma na têmpora e uma perfuração no peito da vítima permitiram que os investigadores descartassem suicídio, então logo detiveram os principais suspeitos: as três empregadas domésticas e os convidados do jantar. Um por um, no entanto, foram postos em liberdade. Enquanto isso, a viúva permanecia em casa, a salvo de todo tipo de suspeita: pálida, muda e vítima de desmaios, segundo os jornais. Mas novos antecedentes não tardariam a aparecer: "Fatos estranhos para uma sociedade respeitável", insinuou *El Mercurio*, enquanto o *Las Últimas Noticias* falava de "um ataque aos nobres sentimentos que são as bases do lar".

Ambos os jornais aludiam em suas notícias a uma "amizade íntima" entre Corina Rojas e seu professor de piano, Jorge Sangts. Uma relação aparentemente irrelevante para as investigações policiais, mas que despertou suspeitas no juiz. Em uma iniciativa que causaria alvoroço entre os repórteres, o juiz decidiu deter e manter incomunicáveis tanto Sangts quanto Corina. E depois da detenção seguiram-se outros passos registrados com avidez pela imprensa: na pensão em que Jorge Sangts estava hospedado, foram apreendidas inúmeras cartas de amor e nada menos do que as chaves da casa localizada na rua Lord Cochrane, 338. A essas descobertas se somaram dois bilhetes anônimos recebidos pela polícia que sugeriam a possibilidade de um crime encomendado. Os bilhetes mencionavam dois novos suspeitos: Alberto Duarte, um cocheiro de 31 anos, e uma vendedora de empanadas de 83, chamada Rosa Cisternas.

Com Jorge Sangts, Corina Rojas, Alberto Duarte e Rosa Cisternas nas mãos da polícia, a investigação logo chegou ao fim e os jornais noticiaram a seguinte história: Corina Rojas era casada com David Díaz Muñoz havia doze anos no momento do crime. De acordo com suas próprias declarações, o matrimônio deles era "sem amor". Corina se sentia sozinha e infeliz, vítima de um marido avarento que a traía. Sua dependência econômica e a ilegalidade do divórcio a mantinham presa entre as tarefas domésticas e as intermináveis brigas conjugais, que tinham consumido sua saúde frágil e sua ainda mais frágil paciência.

Sob essas circunstâncias e sem saída aparente, Corina conhece Jorge Sangts, homem um pouco mais velho do que ela, que se apresenta como professor de piano e de idiomas. Rojas decide contratá-lo e, entre aulas particulares e longos passeios vespertinos, os dois iniciam uma amizade que logo se transforma em um caso amoroso. Depois de alguns meses de encontros furtivos e aulas de música desatentas, o vínculo entre eles se consolida, e também a angústia, nas próprias palavras dela, de não serem livres. E a ansiada liberdade de Corina, no alvorecer do século 20, só poderia ser conquistada sob uma condição: a viuvez.

Com o objetivo de acelerar a morte de Díaz Muñoz e de concretizar o desejo de ficarem juntos, Corina e o jovem Sangts vão à casa de três supostas bruxas. As desconhecidas oferecem poções e ensinam estranhos conjuros, mas nada funciona. Os incensos e as beberagens mantêm David Díaz Muñoz perfeitamente saudável e Jorge Sangts cada vez mais determinado a pôr fim a seu status de amante. Ele não suporta que Corina ainda esteja casada com outro homem e a pressiona: o marido ou ele. Desesperada, Corina lhe implora que façam uma última tentativa. Diz a Sangts ter ouvido boatos sobre uma mulher que poderia resolver a questão e lhe propõe visitar, em uma tarde quente de janeiro, a conhecida bruxa Rosa Cisternas, cujos poderes garantiriam uma solução imediata.

Em uma pequena casa localizada na periferia da cidade, são recebidos por uma idosa pobre e encurvada, com a saúde debilitada, mas de grande poder de persuasão. Rosa Cisternas ouve a história de Corina calmamente e prescreve uma série de

remédios e feitiços. Só depois de vários fracassos e por insistência da infeliz esposa, propõe a saída mais segura e eficaz: executar o crime à mão. É Cisternas quem contata o cocheiro Alberto Duarte, e todos juntos combinam um plano e uma quantia como recompensa.

Algumas semanas se passam até o dia 21 de janeiro de 1916. Corina volta naquela manhã à casa de Rosa Cisternas, transtornada por uma nova discussão com o marido. Diz a ela que não há mais tempo a perder, que precisa ficar livre o quanto antes e que está disposta a tudo. E tudo, para Corina Rojas, significava matar. A bruxa Cisternas a olha com atenção. Entende a urgência. E resolve terminar de uma vez por todas com a angústia de Corina.

Às sete da noite, em meio ao alvoroço do jantar, Duarte chega à rua Lord Cochrane e espera pacientemente por um sinal. Trata-se de uma mansão típica da classe alta de Santiago: pé-direito imponente, um longo corredor, o piso recoberto de madeira e um pequeno jardim. Junto à janela, o lampião da rua permanece apagado, e de dentro da casa se ouvem risadas, o tilintar alegre de taças e as notas de piano com que Corina entretém as visitas. De repente, durante uma pausa, a porta da frente é entreaberta, Alberto Duarte entra na casa e é conduzido por Corina ao estúdio contíguo ao quarto do casal, onde ele se esconde atrás de uma grossa cortina.

Passam-se quatro horas. Corina, de vez em quando, certifica-se de que o futuro assassino ainda está escondido e o estimula, entre doses de vermute, a manter a coragem e a serenidade. Perto da meia-noite, os convidados finalmente se despedem e Corina Rojas e o marido vão para o quarto. Ele desabotoa a camisa, tira as calças, insiste em ter relações sexuais, e Corina, logo depois, sai do quarto. Ao contrário das outras noites, vai ao banheiro na companhia de Victoria Granifo, sua empregada de maior confiança. Esse será seu álibi e o sinal para o assassino. Quando confirma que Díaz Muñoz já está sozinho, Duarte deixa o esconderijo e entra no quarto do casal. Aos pés da cama, uma espingarda descarregada o espera. O violento golpe na têmpora esquerda acorda Díaz Muñoz, mas Alberto Duarte empunha uma adaga e a enterra com todas as forças. Não há gritos. Não há resistência. Nada indica que um crime acaba de ser cometido. O assassino foge da casa e joga a adaga em uma vala. Só então Corina volta ao quarto, seus gritos acordam o filho mais velho, e o menino, desesperado, corre para chamar a polícia.

[Diário da busca]

O novo edifício do tribunal multiplica a paisagem desértica em suas janelas espelhadas. Diante dele, como uma persistente relíquia do passado, uma velha placa em uma mansão de tijolos indica que cheguei ao meu destino. Trata-se do último tribunal do antigo sistema de Justiça e acho que aí, em algum canto, posso encontrar o que estou procurando: a sentença judicial contra Corina Rojas. Vou até o guichê e observo atentamente uma mulher que mexe seu café com uma colherzinha. Cada volta me faz pensar que ela também espera aqui há um século. Não levanta a vista diante de minha pergunta. Apenas repete o ano, 1916? Assinto. Explico que estão todos mortos. Que estou procurando um caso histórico, encerrado. Ela nega com um gesto e perde o interesse. Responde, ignorando meus protestos, que preciso de uma procuração se quiser retirar um arquivo. Corina precisa ressuscitar, assinar um papel e me dar acesso a esse processo judicial que, aparentemente, ainda não terminou.

Assim que a polícia prendeu os principais suspeitos, Corina Rojas e Jorge Sangts protagonizaram uma série de confissões e retratações erráticas. No decorrer das primeiras horas, Corina negou qualquer ligação com seu professor de piano. Disse que não o conhecia. Jamais tinha tido aulas de música e não sabia uma única palavra em qualquer idioma que não fosse o castelhano. Mas uma acareação cuidadosamente preparada pela polícia, em que foram expostas as dezenas de cartas de amor escritas de próprio punho, forçou-a a voltar atrás. Corina então admitiu sua infidelidade e reivindicou a autoria exclusiva do crime. Declarou que seu querido Jorge nada tinha a ver com o assassinato e que tudo, tudo, tudo tinha sido ideia dela. Só depois de saber que seu amado Sangts não hesitara em culpá-la, Rojas revelaria a verdade: ambos haviam planejado o assassinato, mas ela participara apenas movida por seu amor. "Talvez eu tenha sido muito ambiciosa e amado demais", admitiu diante dos céticos oficiais de justiça.

A descoberta de uma relação entre Rojas e Sangts serviu para nortear a investigação, e o juiz se empenhou em escavar detalhes que lhe permitiriam esclarecer o motivo do crime. Sua hipótese parecia se sustentar: Corina desejava matar o marido para se unir ao amante e este, por sua vez, queria que o relacionamento com Rojas fosse exclusivo. Graças às investigações policiais e às confissões de ambos, a existência do relacionamento foi logo confirmada, mas a busca não parou por aí e revelou todo tipo de intimidades: o lugar onde os amantes haviam tido relações sexuais, se eles já tinham dormido juntos na casa, se Corina tivera relações com seu marido na noite do crime, se tivera outros amantes no passado. O comportamento sexual de Corina Rojas seria cuidadosamente examinado ao longo do processo penal, transformando-se no ponto-chave do julgamento. "Não há conduta irrepreensível anterior", decretaria a sentença, "pois mesmo antes de procurar a mão que devia tirar a vida de seu marido, isto é, antes de intervir no crime pelo qual está sendo julgada, Corina Rojas teria cometido outro: o de adultério."

O juiz atribui à infidelidade de Corina um papel conclusivo. A viúva só aparece como suspeita no assassinato quando sua reputação como mulher e esposa é questionada. A relação adúltera *determinou* sua conduta homicida, parece dizer o magistrado, e constitui um crime anterior, que deve ser ponderado no julgamento.

Por mais anacrônico que esse argumento possa parecer, o período de tempo em que vigorou é assombroso. O crime de adultério foi eliminado do código penal chileno apenas em 1994, e até então se aplicavam as severas sanções estipuladas no início do século passado, que determinavam até cinco anos de prisão para "a mulher casada que se deita com homem que não seja seu marido". Mas tudo seria muito diferente se esse crime fosse cometido por um homem. Para que o comportamento adúltero do homem casado fosse punido, exigia-se a concomitância com outros fatores. Tanto que o próprio delito mudava de nome: já não se chamava adultério, mas concubinato. E, para que o marido fosse condenado por esse crime, ele deveria se *deitar* com outra mulher e ao mesmo tempo manter "uma concubina dentro da casa conjugal ou fora dela causando escândalo". A pena máxima nesse caso era de 540 dias de reclusão em vez dos cinco anos estipulados para a mulher por um delito ostensivamente menos grave. No entanto, se o mesmo crime em sua versão agravada fosse cometido pela esposa, isto é, se ela mantivesse um concubino "com escândalo ou dentro da casa conjugal", as sanções subiam até chegar a uma das mais rigorosas do ordenamento jurídico: o desterro. O adultério feminino, nesse caso, não só era considerado imoral, como também um ato contra a pátria. E sua autora devia ser expulsa do país para restaurar assim a honra da "grande família nacional", nas palavras da crítica Doris Sommer.

Mas por que o código penal punia tão mais severamente as esposas do que seus maridos por um comportamento idêntico? E mais: por que a lei chilena, até 1953, permitiu eximir de responsabilidade o marido que assassinasse sua cônjuge se a surpreendesse em ato flagrante de adultério? A resposta aponta para uma ideia arraigada de honra que mantém uma atualidade perversa. Ao contrário da honra feminina, que se baseia no comportamento sexual da mulher (em sua abstinência ou em sua absoluta fidelidade marital), a honra masculina, ou seja, seu prestígio como *verdadeiro homem*, depende em boa medida do comportamento feminino. A esposa, como sustenta a antropóloga Miriam Jimeno, sempre representa uma ameaça latente para o marido, porque das ações *dela* depende a reputação do homem. Daí resulta que a preservação da fidelidade fosse uma obrigação que a mulher deveria manter, pois ela poderia inclusive ser assassinada impunemente se fosse pega em flagrante. E disso Corina Rojas sabia perfeitamente. "Mesmo quando falhei com meu marido", ela declararia, "não fui uma mulher leviana. Sempre mantive as aparências com muito rigor. As pessoas que me conheciam nunca suspeitaram de nada." Mas, descoberto o assassinato, sua discrição não teria mais importância. A trama da mulher adúltera seria central nos argumentos de todos os envolvidos.

Contradizendo seu primeiro depoimento, Jorge Sangts explicou aos membros do tribunal que ele "há muito tempo rejeitava Corina Rojas", que ela o assediava, e não o contrário, e que "Rojas tinha, na época do crime, outros amantes". Sangts retoma o argumento da infidelidade e decide aprimorá-lo como se não tivesse nada a ver com o adultério. E não para por aí. Depois de sugerir que Corina se encontrava com outros homens regularmente, pede ao tribunal que se pronuncie de maneira clara "sobre qual órgão da ré Corina Rojas teria sido acometido pela histeria". *Órgão*, diz Sangts, indicando para uma etimologia reveladora: "histeria" vem do grego "*histera*" — "matriz", isto é, "útero". O que Sangts pretende é apresentar ao juiz um caso de histeria, uma sexualidade feminina fora de controle que lhe permita imputar a Corina Rojas a responsabilidade única pelo crime. A estratégia de Sangts é astuta: insistir na transgressão sexual para aprofundar a culpa de Rojas e argumentar em favor da própria inocência.

Ainda mais extravagante é a defesa de Corina Rojas, que, em vez de relativizar o protagonismo da histeria, tenta usá-la a seu favor. O advogado pede ao juiz que considere "se as relações ilícitas da ré com Jorge Sangts devem ou podem ser estimadas como vício ou resultado da perversão moral típica da histeria de que padece a primeira". E solicita-lhe que investigue, além disso, as "perturbações menstruais de dona Corina". A manobra de Rojas e seu advogado é fascinante: consiste, parafraseando Josefina Ludmer, em distorcer os estereótipos de gênero a seu favor. Se as mulheres são criaturas irracionais, histéricas ou de moral perversa, não podem ser responsáveis por suas ações. E sem responsabilidade, é claro, não pode haver castigo.

[Diário da busca]

Derrotada, abandono o tribunal e me dirijo à Biblioteca Nacional. Peço os jornais de 1916, mas depois de uma ou duas horas de leitura a opacidade dos microfilmes e a luz sombria do subsolo me impedem de continuar. Concentro-me, então, em uma fotografia. E a examino como se nela estivesse escondido um segredo: os brincos de argolas, a jaqueta justa, a pele tão pálida contrastando com o preto das sobrancelhas. Corina Rojas tem o perfil arredondado da infância. Só a pena de seu chapéu a faz parecer mais velha e de outra época. Temo que nunca encontrarei a sentença judicial. No Chile, já foram perdidos documentos bem mais importantes. Os incêndios, os terremotos, as inundações convenientes. Então, fugaz, surge uma ideia. Em meu próprio arquivo, na memória daqueles anos na escola de direito, aparece uma palavra extraviada: "indulto". E se Corina Rojas tivesse sido absolvida? Devolvo os microfilmes e mergulho nos túneis do metrô.

Se no início do século passado as mulheres não tinham independência em quase nenhum âmbito da vida, na esfera do crime com certeza não seria diferente. Depois de pouco tempo descoberto o assassinato, a dupla composta por Corina Rojas e Jorge Sangts foi batizada pela imprensa como "o verdadeiro casal criminoso". Sob a ameaça de um crime cometido por uma mulher sozinha e como estratégia para manter intacta a história de fraqueza e dependência feminina em vigor naqueles anos, o casal serviu como recurso oportuno e tranquilizador.

O movimento feminista, no início do século 20, estava passando por um momento fundamental. As chilenas davam os primeiros passos no espaço público graças a centros, ligas, clubes de leitura e sociedades fundadas mês após mês. Embora tímidos, esses avanços foram observados com ressentimento por parte da elite política. E o próprio feminismo, talvez ecoando esse medo, se debateu entre um discurso reivindicador de novos direitos e outro de defesa dos papéis tradicionais ligados ao cuidado e à maternidade. Não é estranho, então, que um assassinato planejado por uma mulher gerasse preocupação entre algumas feministas. E a hipótese do casal criminoso foi um instrumento para diluir essa ansiedade. Por um lado, deu verossimilhança ao homicídio (era impensável que uma mulher sozinha maquinasse um assassinato) e, por outro, conteve a inquietação provocada por uma mulher independente e violenta.

Corina Rojas, segundo essa lógica, não poderia ter agido sozinha. Diferentes parcerias se estabeleceriam durante o julgamento para descartar a possibilidade de uma autoria feminina única: Corina Rojas e seu amante Jorge Sangts, Corina Rojas e a bruxa Rosa Cisternas, Corina Rojas e o cocheiro Alberto Duarte. Essas duplas seriam determinantes para tirar o poder da homicida. E a estratégia teria funcionado perfeitamente não fosse o fato de que os próprios parceiros, por suas características peculiares, ressaltavam a desobediência de Corina.

Na dupla formada por Rojas e Sangts, ela aparece sempre em um papel ambivalente: às vezes sugestionada por Sangts e outras vezes o dominando. Como uma mulher influenciável, era de esperar que a mídia a descrevesse como alguém forçada a participar do crime e, portanto, não como uma verdadeira transgressora. E era isso que Rojas tentava fazer, afirmando que havia sido induzida e envenenada por Sangts, e que estava cega de amor: "Não sou uma criminosa, mas uma infeliz que, sugestionada por um amor amaldiçoado, me levou ao precipício" [sic], sustentaria Corina durante o julgamento.

Aproveitando essa ocasião para relativizar a autoria criminosa de uma mulher, a sentença admite que a sugestionabilidade se produziu pelo "grande carinho" que Corina tinha por Jorge Sangts, mas, curiosamente, não lhe confere qualquer efeito jurídico. O tribunal, na verdade, não só não diminui a culpa de Rojas, como também a pune mais severamente do que a seu amante. E isso se deve à transgressão anterior: o adultério. Se a sugestionabilidade diminuía a responsabilidade de Rojas no assassinato, o adultério repunha sua culpa e a urgência de um castigo. Uma culpa original (um pecado original) que serviria de justificativa para uma pena agravada. O adultério, e não o assassinato, impede que Rojas ocupe o lado fraco do casal.

O papel de poder dentro da dupla não foi menos problemático. A simples ideia de uma mulher dominando um homem no terreno da violência, que é cultural e simbolicamente masculino, causaria reações raivosas dentro e fora dos tribunais. "Uma hiena de instintos amorais", diria a revista *Corre-Vuela*, e até *El Mercurio* falaria de Corina Rojas como a encarnação de "um chacal". Enquanto lado forte do casal, Corina deixa de ser uma mulher e se converte em uma criatura insensata que viola não apenas as leis penais, mas também os imperativos de passividade e cortesia impostos por seu gênero. E, assim, torna-se um animal feroz.

Se a coautoria Rojas-Sangts já está cheia de complicações, ainda é preciso acrescentar outro ingrediente: o casal é composto por uma mulher chilena de origem incerta (alguns a chamam de burguesa e outros apontam para raízes camponesas) e um homem cuja identidade virou o centro de uma inusitada polêmica.

Sangts havia imigrado para o Chile quatro anos antes do assassinato e, ao chegar, não apenas tinha mudado de domicílio, como também de nome e sobrenome. Tornou-se Jorge Sangts Frick e alegou ser professor de música e idiomas, embora nunca tenha revelado quais línguas e instrumentos dominava. Esse perfil misterioso permitiu que logo depois convivesse com a elite de Santiago, na qual o sobrenome Díaz Muñoz ocupava lugar relevante.

Os jornais, cuidadosos para não ferir sentimentos, descrevem-no primeiro como um jovem alemão, professor de piano, mas esse perfil lacônico se transforma graças a uma insólita descoberta. A polícia boliviana, depois de um pedido da justiça chilena, envia um telegrama informando que Sangts, na verdade, se chamava José Justino Gandarillas e era natural de Cochabamba, de mãe boliviana e pai desconhecido, e que havia fugido do país por causa de dívidas enormes. Com esses novos antecedentes, o tribunal rejeitou o atenuante de boa conduta anterior e os jornais, abandonando sua concisão, começam a chamá-lo de "o falso Sangts". A revista *Corre-Vuela* chega a publicar um perfil intitulado "A dupla personalidade", em que satiriza o acusado: "Era como uma moeda. Uma moeda falsa. Seus amigos acreditavam que ele era um alemão de 'pura raça'. Muitos chegavam a dizer que era amigo do peito do Kaiser.

Para outras pessoas, ele era um grande patife, um cafetão, um canalha, um vigarista. Era um boliviano puro-sangue, de pais desconhecidos. Em quem acreditar?".

A cumplicidade entre Corina Rojas e esse personagem escorregadio geraria tensões inesperadas. A descrição de Sangts como pseudoeuropeu e pseudolatino-americano (e, portanto, potencialmente indígena) trouxe à tona a questão das origens da mestiçagem chilena. Por um lado, a migração seletiva e desejada de pessoas vindas da Alemanha para supostamente melhorar a raça chilena e, por outro, a miscigenação indesejada com os indígenas. Em uma das caricaturas da época, a mão branca de Sangts segura a caneta e o crucifixo, simbolizando a civilização e o progresso, enquanto a outra empunha uma faca e uma caveira. Sangts, falso alemão, era mestiço e boliviano, e os jornais se encarregaram de realçar essa identidade comprometedora. O fato de Corina Rojas, uma mulher chilena, vestida com plumas e trajes vistosos e casada com um renomado aristocrata, pretender substituir o marido branco e de classe alta por um imigrante boliviano acabaria por prejudicá-la. Foi sugestionada por Sangts (por "*sang*", do francês, "sangue"), parece dizer a sentença, e por essa insubordinação deve ser punida de maneira exemplar. Nem a sugestionabilidade nem a união de Rojas com uma figura masculina servem para atenuar sua transgressão. Pelo contrário, ter sido influenciada por um homem *como Sangts* parece agravá-la. A infidelidade (a traição) ultrapassa, a essa altura, a figura de David Díaz Muñoz e se estende a todos os chilenos, evocando o fantasma do adultério como crime contra a pátria. E a identidade dessa pátria é posta em dúvida por uma mulher insubordinada que abre as portas de sua própria casa para um homem estrangeiro. Rojas, nessa aliança, aparece como a integrante de um casal altamente perigoso. E, enquanto Sangts é levado para trás das grades, ela, Corina Rojas González, é condenada ao fuzilamento.

[Diário da busca]

Exatamente cem anos se passaram, penso, enquanto um homem com quase essa idade coloca um caderno com capa de couro sobre minha mesa. Estou no Arquivo Nacional do Chile, onde se conservam os decretos do Poder Executivo. Solicitei todos os documentos de 1916 a 1918 e os outros cadernos estão empilhados a meu lado, em um carrinho desconjuntado. O homem me indica com um gesto que eu ponha as luvas, e acato sua instrução silenciosa. Abro o primeiro caderno. Um após o outro, passam por meus dedos centenas de indultos que libertaram homens e, sobretudo, mulheres. A ponta dos dedos das luvas lentamente escurece. É uma tarefa interminável. Passo para outro caderno. E outro. E mais um. Rojas. Rojas. Rojas. Eu me detenho. Não pode ser. Inscrito na ferrugem do papel, gravado em tinta azul em uma folha que já foi branca, aparece seu nome. Releio: Corina Rojas. Uma sentença perdida durante cem anos. *Um século*, penso, e sinto algo muito próximo da felicidade.

A coautoria de Corina Rojas e Jorge Sangts no crime não foi a única coisa que causou problemas. Embora Rosa Cisternas seja brevemente descrita pelo tribunal como "uma mulher de 84 anos, casada, de Parral, vendedora de empanadas, analfabeta, ré primária", os jornais se referem a ela como bruxa, uma bruxaria que no Chile é associada à sua origem indígena.

Desde os tempos coloniais, a bruxaria esteve ligada a uma resistência étnica contra o avanço colonizador. Uma resistência que era socialmente condenada e que, segundo a antropóloga Sonia Montecino, transformava a bruxa na suposta responsável por todo tipo de infortúnios, dentre eles a mestiçagem. De acordo com essa crença, mulheres brancas e indígenas conspiravam em ritos e cerimônias para estimular a paixão, e é justamente a memória desses rituais que renasce com força na dupla Rojas-Cisternas. Duas mulheres de origens distintas, mas com uma linguagem comum que provocava desconforto.

Diante dessa associação prejudicial, Rojas reativa sua estratégia anterior. Ela observa que o crime só ocorreu "por causa da influência e da pressão que a bruxa Cisternas exercia sobre minha fraqueza como mulher", traçando seu próprio perfil como o da *verdadeira mulher*, fraca e sugestionável, para afastar de si a responsabilidade. E talvez ela houvesse alcançado o objetivo se a aliança feminina tivesse sido menos poderosa. Na primeira instância do processo, prevaleceu a hipótese de um crime premeditado pelas duas mulheres, o que resultou em uma punição equivalente para ambas.

Uma vez estabelecida essa coautoria, os jornais elaboraram o perfil de uma dupla feminina com poder, com poderes. E talvez, devido à preocupante extensão desses poderes, a dupla seria separada na segunda instância do processo. Rosa Cisternas conseguiria, em sua apelação, rebaixar sua participação à de mera cúmplice, e Corina Rojas ocuparia enfim o lado forte da parceria. É melhor uma mulher sozinha com poder do que uma dupla feminina e com poder, parece dizer a Corte. Na sentença definitiva, Rosa Cisternas foi condenada a oito anos de prisão e seu advogado proclamaria, para alívio do público, que "seus poderes, na realidade, eram inofensivos".

Restava resolver a participação de um último protagonista: Alberto Duarte. O parecer judicial o descreve como um cocheiro analfabeto de 31 anos, conhecido como "O Negro Duarte", o que salientava a distância do *criollo* branco personificado pelo marido. A imprensa, por sua vez, refere-se a esse personagem de modo ambíguo. "Um chileno pobretão, cético, preguiçoso, aventureiro", segundo a revista *Zig-Zag*, que depois elogia o rufião picaresco e oportunista descrevendo-o como "uma espécie de dom Juan Tenorio de folhetim [...] um verdadeiro herói popular."

O pobretão Duarte aparece como o único capaz de neutralizar a dupla feminina. Deposita-se nele — na figura viril menos problemática, a do menino de sorriso malicioso que posa intrépido diante dos fotógrafos — a execução material do crime, o que permite que tanto o juiz quanto os jornalistas reafirmem uma violência supostamente inscrita na masculinidade. Duar-

te, um homem jovem e forte, transgride a lei penal, mas não as leis de seu gênero, e sua mera presença aplacava a disrupção de uma mulher que transgredia ambos os imperativos.

Corina Rojas, pela terceira vez, buscaria romper essa aliança. Em sua defesa, reitera que Rosa Cisternas entrara em contato com Duarte por conta própria, e que ela não tinha nada a ver com o bandido, mas sua estratégia fracassa de modo retumbante. Tanto Rojas quanto Alberto Duarte são condenados à mesma sentença: a pena capital. E, embora isso nos permitisse assumir certa equivalência na culpa dos dois, a relação de Rojas com o indulto seria radicalmente distinta.

A Corte de Apelação, antecipando-se a um cenário no qual os advogados pedissem clemência, decide incorporar a seu parecer a seguinte nota dirigida ao Poder Executivo:

Condenados à pena de morte Corina Rojas e Alberto Duarte [...] o Tribunal deliberou sobre se esses condenados parecem dignos de indulgência e se registra aqui o resultado dessa deliberação [...] expressando que, em vista das infrações, Corina Rojas não parece digna de indulgência e que seria equitativo comutar a pena de morte imposta a Alberto Duarte pela de prisão perpétua. Deus lhe guie.

A exortação da Corte é tremendamente paradoxal. Embora condene ambos como coautores do homicídio, decide separá-los em virtude de um critério no mínimo problemático: se eram ou não "dignos de indulgência". Sem oferecer qualquer argumento jurídico, ou talvez revivendo nas entrelinhas o imperdoável adultério, a Corte deixa Rojas a um passo do fuzilamento. Sugere transformar a protagonista do crime da rua Lord Cochrane na primeira fuzilada do século 20, revelando o que verdadeiramente se castiga na mulher criminosa e nunca pode ser perdoado: sua dupla transgressão, penal e de gênero.

[Diário da busca]

A sentença, em uma caligrafia de outra época (porque cada época tem sua própria caligrafia), esboça a vida de uma mulher. Sua mãe morta prematuramente. Um casamento feito às pressas. Uma década de infelicidade. Aos catorze anos, Corina Rojas teve uma anemia profunda. Aos quinze, conheceu Díaz Muñoz. Aos dezesseis, os dois se casaram. Aos dezessete, teve seu primeiro filho e seu primeiro colapso nervoso. "Ela experimentou uma sensação de angústia, de opressão, um estado vertiginoso, e perdeu a consciência." Quando acordou, tinha 27 anos, quatro filhos, e queria fechar os olhos mais uma vez.

O caso de Corina Rojas saiu das páginas dos jornais, dos fólios dos processos, do falatório de uma capital que mal ultrapassava as dimensões de um vilarejo e entrou, rapidamente, no terreno movediço da ficção. O impacto causado por

Copia

Contra

Jorge Sangts Frich y otros.

Homicidio

Santiago, catorce de Setiembre de
mil novecientos dieciseis. Vistos.
El veintiuno de Enero último, es-
no a las seis y media pasado me-
ridiano llegó a casa de don David
Diaz Muñoz, Lord Cochrane N° 338 don
Arturo Sáinez y fué recibido por el
muchacho Alfredo Diaz V., quien lo
introdujo a la antesala, al lado
del escritorio. Pronto llegó el señor
Diaz y entonces pasaron a tomar u-
nas hasta que volvió Trinia Rojas
esposa de aquel, que andaba en
la calle, y los invitó al escritorio
mientras les arreglaba una mesi-
ta de mimbre debajo del parron yen
dose despues al local arreglado por
ella. Sainez quiso retirarse del
escritorio, porque había ido a ver
a Diaz sin invitacion alguna, pero
este le pidió que no lo hiciera, por-

esse assassinato foi tão grande que as produções artísticas mais populares da época ecoaram o crime. A *cueca*, cantada e dançada em espaços de encontros populares, os contrapontos entoados em dueto com uma viola, os folhetins vendidos a oitenta centavos nas esquinas, a lira popular declamada em voz alta nas ruas e o cinema que tanto aterrorizava as classes altas, todos tinham uma palavra para dar em relação a Corina Rojas. Essa palavra, para alguns, era "amor". Para outros, "castigo". E, para alguns poucos, "perdão".

Em um momento no qual o movimento de mulheres no Chile marcava presença na vida pública por meio de reuniões, manifestos e novos agrupamentos, e interrogava o papel que as mulheres deveriam representar dentro e fora do lar, o gênero romântico escolhido por algumas dessas obras cumpriu um papel disciplinador. O objetivo: devolver Corina Rojas para seu lugar. O meio: a linguagem tipicamente desprovida de amor, que permitiria normalizar um crime que havia despertado fantasmas de bruxas e mesclas raciais proibidas.

"Eu sonhava encontrar em meu casamento aquela felicidade desejada que todas as mulheres perseguem ao se unirem eternamente a um homem. Não encontrei nada. A desilusão foi intensa." Assim tem início um dos folhetins de grande circulação que meninos e meninas vendiam nas ruas mais movimentadas de Santiago em 1916. Trata-se de *El sensacional crimen de la calle Cochrane* [O sensacional crime da rua Cochrane], escrito por V. D. R., em cuja capa, sob letras vermelhas típicas de um cartaz de "procura-se", Corina Rojas aparece enfiada em um espartilho apertado, com o cabelo preso e um olhar melancólico. Esse texto foi acompanhado por outros assinados por L. J. L. e J. Aníbal Pinto, que utilizaram fotografias e citaram notícias jornalísticas para dar credibilidade às suas elucubrações e que também transitaram pelo mesmo caminho: o velho libreto do amor.

Falar sobre *amor* ao descrever um homicídio é uma estratégia frequente em assassinatos que envolvem casais. O amor e os ciúmes serviram como dispensa da responsabilidade em centenas de assassinatos perpetrados por homens contra mulheres. Basta recordar uma sentença proferida em Ovalle em 2016 e que deixou

em liberdade um homem que confessou ter matado a esposa com uma tesoura de poda empunhando a receita infalível do ciúme, do amor e da infidelidade. E, no caminho inverso, ou seja, em assassinatos perpetrados por mulheres, manchetes como "Louca de ciúmes", "Novo crime passional" ou "Vítima de um amor maldito" continuam sendo lugares-comuns nas notícias sensacionalistas. Enquanto no primeiro caso o amor serve para livrar o assassino da punição, no segundo seu papel é mais simbólico: permite tornar legível a mulher assassina. E foi exatamente isso que ocorreu no crime da rua Lord Cochrane.

Aproveitando-se dos parceiros criminosos formados no julgamento, esses folhetins literários se encarregaram de pôr as duplas em ação. Corina Rojas é descrita em suas páginas como uma mulher de "natureza ardente e impulsiva", "uma alma sedenta de prazeres" e "dominada pelas paixões". E é seu amor, sem limites e amaldiçoado, que se assinala como responsável pelo comportamento criminoso. Apaixonada, isto é, movida por um sentimento *natural* em seu sexo, Corina perde seu poder de ameaça. "Ela não é mais a mulher altiva e cheia de energia dos primeiros dias, que nega, se contradiz e se defende. Não é mais aquela estranha mistura de coragem e paixão, com matizes confusos de La Quintrala, Lucrécia Bórgia, Margarida de Borgonha e Elizabeth da Inglaterra; é uma mulher decaída, sobre a qual parecem ter passado longos anos de vida e sofrimento", descreve com veemência um dos folhetins.

Dois perfis de Corina se alternam nessas linhas: uma mulher corroída pelo arrependimento e outra manipuladora e até monstruosa, evocadora de La Quintrala. As semelhanças com as descrições feitas pelo escritor e historiador chileno Benjamín Vicuña Mackenna são eloquentes. As primeiras páginas de sua obra mais conhecida, *Los Lisperguer y La Quintrala* [Os Lisperguer e La Quintrala], aludiam exatamente aos mesmos nomes que o folhetim de 1916. Já em 1877, La Quintrala era "a Lucrécia Bórgia e a Margarida de Borgonha da época colonial". E essa repetição não é fortuita. Se Corina Rojas evoca La Quintrala, e La Quintrala evoca Lucrécia Bórgia, e Lucrécia Bórgia evoca Medeia: há uma transgressora original? Quem seria essa primeira insubordinada? A primeira mulher?

Como se pretendessem agregar nomes a uma lista sombria de mulheres más, os folhetins incitam uma representação polarizada da feminilidade que mantém seu pernicioso vigor. Também María del Pilar Pérez, a chilena que contratou um sicário em 2008 para assassinar seu ex-marido, foi batizada pela imprensa como "a nova Quintrala". E a brasileira Adriana Cruz, condenada pelo assassinato do filho na Argentina, foi chamada de Medeia.

A ideia de uma malévola genealogia feminina segue vigente, e as imagens escolhidas pela imprensa para representar Corina

Rojas dão conta dessa operação. Vestida de preto, com luvas e o rosto coberto, Corina evoca no corpo oculto outras aterrorizantes figuras femininas. Nessas imagens, impressas inúmeras vezes por jornais e revistas, aparece Corina Rojas, mas reaparece também, sob seu manto negro, a viúva-negra (a aranha mortal), a bruxa e uma infinidade de mulheres *más*: Lucrécia Bórgia, Medeia, Medusa, La Quintrala.

Essa representação fotográfica e narrativa busca tornar presente o que não está lá. Comprime a distância temporal, factual e histórica entre Corina Rojas e suas antecessoras e permite um complexo jogo de espelhos entre mito e realidade. Por força da repetição, cristalizam-se em Corina Rojas a maldade e a bruxaria como essência atávica do feminino. E, diante desse inquietante perfil, o amor entra em ação.

"Uma mulher que por seu amor sacrificou tudo, sua honra, seus filhos, sua casa [...] essa mulher que por seu amor chegou

ao parricídio", diz um dos folhetins. O amor cumpre o papel de normalizar Corina Rojas: ela também, como todas, ansiava pelo amor romântico. Corina também desejava encontrar sentido no amor. A protagonista dos folhetins encarna sentimentos tradicionalmente femininos e abandona, assim, o terreno da transgressão. E, já transformada, convertida em uma mulher *normal*, uma mulher apaixonada, até sua descrição física se altera. "A cor pálida, os olhos baixos e sem brilho" agora nada têm a ver com os "olhos que emitiam reflexos sangrentos", "os olhos pretos, vivos" descritos no início da história. Os folhetins exploram a linguagem tradicional do amor, o olhar e os olhos de Corina se tornam a zona privilegiada de sua redenção. Eles são, como afirma a crítica argentina Beatriz Sarlo, o ponto central da paixão (o amor cego) e do castigo (a justiça cega). A mulher é simbolicamente castigada por olhar, e é o olhar dela, portanto, que deve se transformar. Através de seus olhos (espelho da alma), o relato se encarrega de converter a criminosa em *outra* mulher: aquela que agora "chora sua culpa" e a cujos ouvidos "chega, pavoroso, o rangido dos ferrolhos".

[Diário da busca]

Em um caderninho, escrito a máquina e costurado com um fio cinza, leio o relatório médico dessa mulher. Quatro médicos a examinaram: Orrego Luco, Lea-Plaza, Letelier e Muñoz Labbé. Ordenaram que se deitasse em uma maca e Corina obedeceu. Ordenaram que abrisse a boca e Corina Rojas abriu a boca. O polegar de Orrego Luco percorreu o sulco de seu palato. Em seguida, duas mãos se aproximaram com uma fita. Primeiro rodearam seu crânio e, depois, mediram seus braços, do começo do ombro até a ponta das unhas. Calcularam a distância entre o arco das sobrancelhas e a raiz de seu cabelo. Examinaram com cuidado suas narinas e a borda de seus dentes. Uma secretária tomava notas em uma máquina de escrever e preenchia o relatório que agora tenho em mãos: "sinais de degeneração", "abóbada palatina escavada", "aderência ao lóbulo das orelhas". Os médicos encontraram no corpo de Corina exatamente o que estavam procurando: o corpo de delito.

O amor não foi a única ferramenta utilizada pelas artes para resistir à ameaça de uma mulher assassina. Outra estratégia, a mais óbvia para o julgamento, seria o castigo.

Quando faltava apenas um mês para que Corina Rojas e Alberto Duarte fossem condenados à pena capital, o cineasta italiano Salvador Giambastiani terminava de produzir o que muitos consideram o primeiro longa-metragem da história do cinema chileno: *La baraja de la muerte o el enigma de la calle del Lord* [O baralho da morte ou o enigma da rua do Lord] (1916). Mais de cem anos depois de suas filmagens, não há registro da fita original, porém a investigação realizada pelo acadêmico Jorge Iturriaga resgatou dados importantes sobre ela: tratava-se de um filme mudo, produzido pelos empresários portenhos Colombo e Malfatti, com roteiro do poeta colombiano Francisco de Alas, estrelado por Palmira Fernández de Ubilla e baseado no assassinato de David Díaz Muñoz.

Em agosto de 1916, apenas sete meses depois de perpetrado o crime, a imprensa anunciava a "grandiosa estreia" do "primeiro filme nacional", descrito como uma obra "de trama policial [que] é baseada em um dos dramas mais sensacionais que ocorreram entre nós". O cinema também queria fazer parte da repercussão do crime. No entanto, apesar das grandes expectativas, o filme não pôde ser lançado na capital. O primeiro longa-metragem chileno seria também o primeiro filme nacional censurado.

O cinema, que naquele período era chamado de cinematógrafo, era muito mais barato e mais popular do que o teatro. Tinha chegado ao Chile apenas oito meses depois da projeção do

primeiro filme em Paris, em 1897, e era visto com desconfiança pelas elites de Santiago. O temor apontava para a origem estrangeira da maioria dos filmes, em anos de exaltação nacionalista, e também para sua suposta vulgaridade. A proliferação de filmes do gênero policial acentuou essa preocupação, e a solução para esses problemas se deu com a censura.

A prefeitura de Santiago foi encarregada de atuar como órgão de censura, e sua normativa moralista estabeleceu o caminho a ser seguido em casos problemáticos. A traição à pátria nunca, sob hipótese nenhuma, poderia ser exibida nas telonas, mesmo que o filme incorporasse um castigo para o traidor, enquanto as cenas de crime podiam ser exibidas desde que a própria fita contemplasse uma sanção ao transgressor.

Então, que aconteceu com *La baraja de la muerte*? A Corina ficcional não foi castigada na tela? Sua insubordinação não contemplou punição suficiente? A prefeitura evitou se pronunciar sobre esse ponto e esclareceu que, faltando apenas um mês para a sentença judicial, a projeção do filme poderia afetar o resultado do julgamento e era necessário garantir a independência dos tribunais — um argumento duvidoso que não convenceu nem o diretor nem os indignados produtores do filme. Em um momento no qual o cinema registrava as primeiras imagens do que era e do que deveria ser a nação chilena, em que diversos marcos da história nacional, como a Guerra do Pacífico, foram utilizados para legitimar essa forma de arte em face de seus tenazes detratores, exibir um assassinato protagonizado por uma mulher era, sem dúvida, uma transgressão intolerável. O que um filme como *La baraja de la muerte* diz sobre a nação e sobre as mulheres da nação? A resposta do órgão censor foi retumbante: nada que devesse ser dito.

O fascinante é que muito antes das filmagens desse longa-metragem, o duvidoso prestígio do cinema já tinha feito parte da biografia de Corina Rojas. Em fevereiro de 1916, enquanto a polícia investigava o assassinato, um grupo de médicos avaliou o estado mental de Corina com o objetivo de decretar ou não sua loucura. No relatório, os médicos se referem com um entusiasmo inesperado à relação de Corina com o cinema: "Ela frequentava os cinematógrafos onde se representavam melodramas com sequestros, seduções misteriosas em que a todo instante se misturam e confundem os amores e os crimes", observa um médico visivelmente preocupado. "Ela se deleitava com aquela atmosfera de fantasia sentimental que perturba completamente os espíritos sem critério e faz com que tudo pareça possível e verossímil na vida real", acrescenta outro. E concluem, com toda a certeza, que "frequentar cinematógrafos contribuiu pelo menos para preparar o terreno a essa extraordinária credulidade de que, a cada passo, o desenvolvimento de sua história nos dá provas".

Corina adorava ir ao cinema. Ansiava pela escuridão da grande sala e pelo reflexo da luz nos perfis dos outros espectadores. E aquelas sessões solitárias, em que se permitia sonhar com outro final para si mesma, a contaminaram de modo irreversível. Ir ao cinema, diziam os médicos, assistir a filmes onde o amor se confunde com o crime, foi o terreno que tornou possível o adultério e, com o adultério, o assassinato. Como uma nova madame Bovary,

Corina Rojas também tenta fugir de uma realidade esmagadora e monótona. Mas, ao contrário da figura ficcional, Rojas não lê romances. Segundo o mesmo relatório, ela lê pouco. Em vez disso, vai ao cinema o máximo que pode, sempre que um novo filme é lançado, para buscar no brilho da tela o ideal de amor que deve dar sentido à sua vida e que ela não tinha encontrado no casamento. Vai ao cinema como forma de satisfação substituta ou, nas palavras da norte-americana Janice Radway, como uma adaptação ao descontentamento.

A influência do cinema sobre a criminosa seria decisiva no relatório médico e também inspiraria, além disso, outro dos ecos culturais desse crime. Quase quarenta anos depois do assassinato, o escritor chileno Carlos Droguett publicou 60 *muertos en la escalera* [60 mortos na escada] (1953), um livro que transita entre o romance e a crônica e que retoma, como uma singular digressão, o caso de Corina Rojas.

Embora o romance seja centrado no massacre de um grupo de jovens do Movimento Nacional-Socialista chileno que ocorreu em 1938, Droguett acrescenta longos parênteses no qual um policial rememora o assassinato da rua Lord Cochrane e sua bela anti-heroína. O coração é o protagonista desse episódio do romance, povoado de alusões típicas da linguagem do amor: "E, na cidade, em uma casinha tranquila na rua Lord Cochrane, haveria também um morto, um morto especial, um morto para o coração de Corina", escreve Carlos Droguett. Nessa parte, o livro não foge do tom melodramático dos folhetins do início do século. Corina é descrita como uma mulher "fogosa", "com grandes olhos distantes", "pobre, sentimental e sensual", e o coração pulsa no centro do episódio: "ferida no coração", "corações abertamente primitivos e sentimentais como os de Corina", "um anjo trágico sobrevoava o coração de Corina". Porém, Droguett inclui um elemento literário à sua reconstrução do crime. Sua Corina Rojas não vai ao cinema, como aconteceu na realidade, mas lê compulsivamente. E, como Emma Bovary, ela não lê qualquer coisa. De manhã, à tarde e à noite mergulha na leitura de folhetins românticos, os mesmos que nela se inspirariam depois do memorável assassinato. Carlos Droguett, bem como os médicos que a examinaram durante o julgamento, insinua uma cumplicidade de Corina com seu próprio destino trágico. Sugere, com alguma ironia, que a autora do crime se contaminou lendo aqueles folhetins que apresentavam uma ideia irrisória do amor. A inocente Corina acreditava que um dia protagonizaria um romance verdadeiro. E, nos ecos culturais, foi isso que aconteceu.

O poder das artes e da literatura esteve no centro desse caso. Assim como o livro de Carlos Droguett aventou que a leitura de folhetins tivesse influenciado o assassinato narrado em seu romance, e os médicos, durante o julgamento, afirmaram que assistir a filmes determinou o comportamento homicida de Corina, o órgão censor sustenta que o filme *La baraja de la muerte*, protagonizado por uma fictícia Corina Rojas, poderia instigar futuras Corinas Rojas. A censura, então, toma outro rumo. Se faltava apenas um mês para a promulgação da sentença que condenaria a verdadeira Rojas a morrer fuzilada, como o filme puniria a Corina Rojas *ficcional*? A questão, como reflete um famoso julgamento do passado, não é nada caprichosa.

O formidável poder da ficção foi o centro do debate em 1857, quando o promotor Ernest Pinard acusou Gustav Flaubert e, em particular, seu romance *Madame Bovary* de ser uma afronta à decência e à moralidade religiosa. O que se discutiu no julgamento não foi apenas o adultério de sua personagem principal, Emma Bovary, mas também o suicídio. Para Sénard, advogado de Flaubert, o suicídio de madame Bovary era a penitência por sua transgressão sexual. Para outras pessoas, longe disso, sua morte refletia uma moralidade impune promovida pelo autor. E não faltaram aqueles que expressaram alívio com esse desenlace fatal: caso contrário, observa Barbey d'Aurevilly, Emma Bovary teria envenenado o marido. Corina Rojas simboliza justamente esse revés. É a mulher adúltera que tem a audácia de não cometer suicídio e representa, além disso, os piores pesadelos de Barbey d'Aurevilly: que as mulheres em casamentos infelizes acabem assassinando seus maridos.

Embora não seja possível ter certeza se o filme *La baraja de la muerte* incluiu ou não uma punição exemplar, a própria censura operou de forma extremamente eficaz, condenando tanto Corina Rojas quanto o primeiro longa-metragem da história do Chile a um duradouro e eloquente esquecimento.

[Diário da busca]

Segundo declarações de seus colegas, pouco antes do crime Díaz Muñoz havia expressado um temor: que sua esposa enlouquecesse. Depois de sofrer um aborto espontâneo, ela deixou de cuidar dos filhos com a devida atenção, negligenciou também os afazeres domésticos e mergulhou em um mutismo incômodo, um constante mal-estar. Para se distrair, decidiu fazer aulas de piano. E só o piano despertou nela uma vaga aspiração. Corina Rojas aspira. Aspira. Aspira. Os quatro médicos medem sua frequência cardíaca por minuto. Respire fundo mais uma vez, ordenam. Mas ela fala com eles sem parar a respeito de seu casamento. "Eu sentia toda a crueldade da decepção, da solidão moral, do abandono", diz Corina. "Até cheguei a pensar em suicídio." Eles, no papel que agora tenho entre as mãos, com caligrafia médica e condenatória, anotam: "falatório excessivo", "nível moral pouco elevado", "caráter sentimental e vaidoso". Diagnóstico: "histeria nervosa".

Normalizar Corina Rojas a todo custo e o mais rápido possível. Os folhetins do início do século, por meio do amor. O filme, por meio do castigo. Mas houve uma terceira saída: o caminho do perdão.

Corina Rojas foi condenada à morte em cada uma das instâncias judiciais: o tribunal penal, a Corte de Apelação e a Suprema Corte. Só havia, no breve caminho entre a prisão e o fuzilamento, uma alternativa: o indulto.

Nesse ponto, o mais dramático do processo penal, ocorreu um dos episódios mais extraordinários da história e que teve como protagonistas as mulheres do Chile. Mulheres que nos anos 1920 constituíam organizações e grêmios não necessariamente sufragistas ou feministas, mas que lançaram as bases para um processo emancipador. Em 1913, foram inaugurados os Centros Belén de Zárraga, de caráter operário, livre-pensador e anticlerical; em 1915, o Círculo de Leitura de Senhoras, com ênfase na educação e na cultura; e do círculo derivou o Clube de Leitoras, fundado em 1916 e que patrocinou várias tentativas sufragistas. Foi um momento de articulação entre as mulheres, que teriam uma influência direta no destino de Corina Rojas.

O assassinato perpetrado na rua Lord Cochrane causou preocupação em muitos desses grupos, que viram na gravíssima punição à autora uma forma coletiva de castigo que devia ser evitado, sem importar os custos simbólicos ou políticos. A Sociedade de Ajuda Mútua das Operárias de Valdivia foi a primeira a enviar uma carta ao Conselho de Estado tentando reverter a pena:

A Sociedade de Ajuda Mútua das Operárias de Valdivia não pôde permanecer indiferente ao infortúnio comum que aflige [sic] a mulher chilena. Estamos nos referindo, Exmo. Senhor, ao desfecho fatal do processo da rua Lord Cochrane, condenando uma mulher à pena capital, fato que nos impõe o dever de apelar à magnanimidade do Conselho de Estado para que, como homenagem à mulher, por favor, conceda o indulto à ré Corina Rojas.

A estratégia da organização é dupla. Em primeiro lugar, usar o gênero da acusada a seu favor: não era possível fuzilar uma mulher. E, então, vincular o fuzilamento a uma punição coletiva às mulheres chilenas. Rojas, de repente, depois de ser descrita pela imprensa como uma "hiena de instintos amorais", uma mulher antinatural, manipuladora e má, aparece como uma representante do coletivo feminino, gerando uma afiliação inesperada em que as mulheres optam por se distanciar do papel punitivista da sociedade para estabelecer entre elas e com Corina Rojas uma poderosa comunhão no delito.

A Sociedade de Senhoras El Triunfo Ilustrado também utiliza essa estratégia:

> Nós, mulheres do Chile, nada fizemos para que sejamos castigadas com tal afronta na pessoa de Corina Rojas e, por isso, como esposas e mães em um grito desesperado, pedimos aos senhores conselheiros de Estado que aceitem nossa tão justificada petição.

A aliança entre a mulher assassina e as mulheres do Chile reaparece nessa mensagem, mas são enfatizados estrategicamente (ou talvez não) seus papéis tradicionais de mães e de esposas para assim apelar à misericórdia dos conselheiros masculinos. Apenas nessas funções, a organização parece argumentar, as mulheres chilenas poderiam ser dignas de indulgência.

As Sociedades Operárias de Senhoras de Valparaíso dão um passo adiante e adotam a perspectiva dos futuros órfãos para tentar impedir o fuzilamento:

No presente caso há vítimas inocentes a quem essa sociedade condenará mais tarde a expiar um crime que não cometeram. Estamos nos referindo aos infelizes filhos da condenada e por eles ousamos levar a vossa excelência nossa humilde súplica.

A manobra, agora, consiste em omitir totalmente Corina Rojas. A carta, com notável acuidade, não sugere que se perdoe a assassina, mas que se desculpe uma mãe com o único objetivo de que ela volte a desempenhar *seu* papel: cuidadora dos filhos. Enquanto isso, Corina Rojas, privada de liberdade, aguardava a execução. E, de sua cela na prisão feminina, depois de vários anos detida e prestes a ser levada ao fuzilamento, envia, por meio de seu advogado, a seguinte carta ao presidente da República:

Senhor Presidente:

Não venho implorar minha defesa segundo os princípios da lei. Não, excelentíssimo senhor, venho tocar o coração e os sentimentos de V. E. pedindo uma graça, um perdão para uma mulher miserável que é consumida na mais horrível das tormentas humanas... Se V. E. não se apiedar de mim, daqui a alguns dias serei fuzilada e deste modo farei recair sobre meus filhos inocentes, além da vergonha da desgraça que já recaiu sobre eles, o castigo e a horrível dor que um ser humano pode experimentar ao ver a morte de sua mãe no cadafalso. Não é por mim, Exmo. Senhor, que imploro essa graça. É por meus filhos, por meus quatro pequeninos que ficarão órfãos e mergulhados no infortúnio de ter perdido seu pai assassinado e sua mãe fuzilada... V. E. também é pai; V. E. também sabe o que é o amor filial; de modo que entenderá o quão horrível é a minha situação e a de meus desventurados filhos. Apelo à bondade do coração de V. E. para salvar a vida de uma pobre mulher que espera apenas por um perdão, uma misericórdia.

O apelo desesperado de Corina Rojas se dirige ao coração, aos sentimentos, para realçar a única característica de si mesma que poderia salvá-la: seu caráter de mãe. Não é por mim, ela diz, apagando a si mesma e ocultando sua transgressão por trás da sombra de seus filhos. Seu gênero não é mais suficiente para justificar a clemência, mas é preciso acudir ao coração para se tornar ela mesma legível e oferecer em sua súplica exatamente o que a sociedade exigia dela, seu regresso ao papel mais contido da feminilidade tradicional e o único que poderia resgatá-la: o de mãe.

Entre essas cartas e telegramas, as obras a seu respeito também tiveram um papel de destaque. E foi na lira popular, a forma mais massiva de expressão artística da época, que apareceu uma carta imaginária de Corina Rojas para sua filha Olga. Em *La Voz del Pueblo* [A voz do povo], declamada aos gritos nas ruas para um público em sua maioria analfabeto, foi publicada essa missiva de mulher para mulher, de mãe para filha, em que Corina diz à sua menina qual caminho seguir:

> *Olguita ten muy presente*
> *Lo que te voi a decir* [sic]
> *Ya pronto voy yo a morir*
> *Maldecida por la jente* [sic]
> *No me balearán de frente*
> *Porque soy una mujer*
> *Y tú Olga debes ser*
> *Una mujer ejemplar*
> *A ver si puede olvidar*
> *El mundo a esta mujer*
> *Si te llegas a casar*
> *Obedece a tu marido*
> *Y si lo ves aflijido* [sic]

Y trances duros pasar
Híncate ante el altar
Y pide gracia divina
Para que así sin inquina
Dios te conceda ventura
Y pide en mi sepultura
¡Perdón para Corina!*

Nessa carta ficcional, entre engraçada e desoladora, Corina é definida e limitada por sua maternidade, uma mãe que aproveita o último momento no planeta para pedir perdão, rogar por um rápido esquecimento e alterar seu rumo e o de sua linhagem: as demais mulheres-filhas, herdeiras do potencial criminoso.

Restava apenas um eco cultural inspirado por esse assassinato e que também circularia nos dias anteriores ao fuzilamento: a *cueca* "La Corina Rojas". Gravada em inúmeras ocasiões desde sua composição e transformada em uma das *cuecas* mais populares do registro folclórico nacional, essa música não rememora exclusivamente o crime de Rojas, mas dá conta da tensão entre o perdão e o castigo e dos sentimentos que um caso tão retumbante e excepcional despertou na sociedade.

Tengo pena tengo rabia
Tengo ganas de llorar
Porque a la Corina Rojas
La querían fusilar

Dicen que la Corina
Siendo una dama
Dio muerte a su marido
'Tando en la cama
'Tando en la cama, sí
No puede ser
Que fusilen en Chile
*Y a una mujer**

O gênero de Rojas volta a ser o ponto-chave: ela deve ser perdoada *porque* é mulher, diz a letra. Em um trabalho conjunto, quase coordenado, as organizações de mulheres, a própria Corina e as diversas obras a seu respeito enfatizaram sua feminilidade e maternidade para assim driblar o castigo. E seriam justamente esses papéis, ser mulher e ser mãe (desaparece, claro, a amante inconveniente), que permitiriam afastar Corina Rojas de seus pares criminosos e salvar sua vida.

O Conselho de Estado aceitou o pedido de indulto. E sua mensagem para a sociedade, contida no gesto simbólico do perdão, foi tranquilizadora: se ela podia ser perdoada, se a clemência foi um caminho para essa mulher e mãe, é que na verdade Corina Rojas não devia ser uma ameaça tão séria. Uma verdadeira criminosa, uma mulher realmente perigosa, nunca poderia ser digna de indulgência. O perdão, então, seria a estratégia final para normalizar a mulher assassina. Primeiro, o amor para reparar uma feminilidade abalada pela violência. Depois, a censura como medida para apagar o assassinato. E, no final, o perdão para tranquilizar qualquer medo que permanecesse latente.

* Tenho pena, tenho raiva/ Tenho vontade de chorar/ Porque Corina Rojas/ Eles queriam fuzilar/ Dizem que a Corina/ Sendo uma dama/ Matou seu marido/ Estando na cama/ Estando na cama, sim/ Não pode ser/ Que fuzilem no Chile/ E ainda mais uma mulher.

Corina Rojas foi indultada e posteriormente liberada do presídio feminino. "Volta ao lar, onde seus filhos a esperam", relata *El Diario Ilustrado* em 1922, enquanto *El Mercurio* noticia sua libertação nos seguintes termos: "Corina Rojas também sofreu, além das penas da prisão, as amarguras de uma mãe que vê a vida dos filhos destruída. Os seis anos de prisão causaram estragos horríveis na infeliz condenada, arrastando a jovem para uma velhice prematura tomada de tragédias silenciosas".

Corina Rojas não é mais a mulher loquaz nem a menina jovem, bela e apaixonada que os jornais descreviam em 1916. Recorrendo às estratégias utilizadas pelas artes, a imprensa agora descreve uma mulher que não representa nenhuma ameaça. Se na cadeia entrou uma garota sedutora e violenta, em 1922 é libertada uma velha prematura e emudecida. Só assim uma assassina pode sair da prisão: devolvida ao seu lugar.

Mas há sempre uma possível fuga daquele lugar, e frequentemente uma obra pode ser ressignificada. "La Corina Rojas" se transformou, em versões recentes, em *cueca chora* (urbana) ou *brava* (portenha), entoada por conjuntos musicais femininos. A *chora*, ou seja, a audaz e resoluta, já não é só a canção, mas a representação da própria Corina e das cantoras que entoam a melodia nessas novas interpretações. Os versos são idênticos aos cantados em 1916: "Tenho pena", dizem, "tenho raiva", mas em suas vozes e em seus corpos essas palavras assumem outro significado. As intérpretes, com acordeões e violões, estão agora sob o sol, no meio de uma praça cheia de gente, em um mirante de Valparaíso, em uma esquina movimentada de Santiago, e esses novos cenários despertam suas palavras de uma forma antes impensável. A cada verso e acorde, essas mulheres ampliam uma paisagem afetiva que agora se estende para além do coração, além do amor que enredou Corina Rojas há mais de cem anos. Cantada por bandas femininas que invocam e revivem a protagonista, a nova Corina Rojas reaparece, espectral, e com ela surgem outras emoções: uma "pena" e uma "raiva" que, como diz a filósofa Marilyn Frye, têm o poder de mudar nosso lugar no mundo.

"Sob o império da cólera"

ROSA FAÚNDEZ

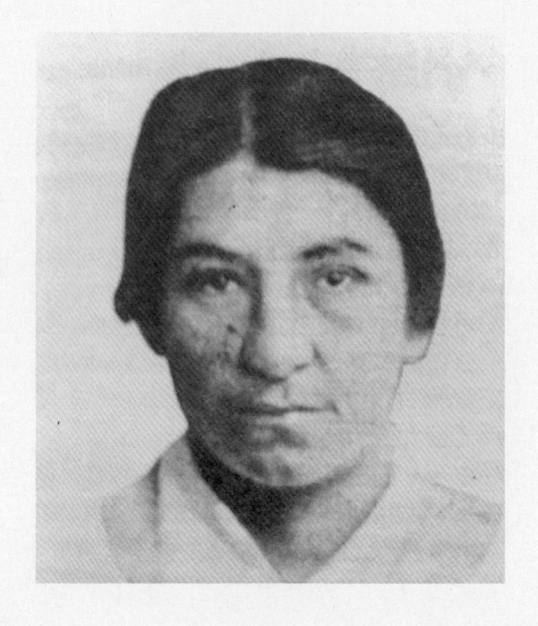

SANTIAGO, INVERNO DE 1923. Ismael Gatica faz sua habitual ronda de limpeza dos bueiros da capital, conhecidos na época como "caixinhas d'água", quando avista um objeto estranho às margens do rio Mapocho. O funcionário se aproxima do pacote misterioso, agacha-se na frente dele e rasga com ambas as mãos as folhas de jornal que o envolvem. Então, horrorizado, corre para avisar a polícia. Ele acabara de encontrar a perna de um homem, e sua descoberta daria origem a um dos mistérios mais memoráveis da criminologia chilena.

Devido à mestria da incisão feita entre o tronco e o fêmur, as primeiras suspeitas dos investigadores apontaram para os cirurgiões de um hospital perto do Mapocho. No entanto, nenhuma amputação havia sido realizada nessas enfermarias, e os médicos esclareceram, visivelmente irritados, que entre seus hábitos não se encontrava jogar restos humanos no rio. No dia seguinte, mais uma descoberta descartaria de vez as primeiras suspeitas. Na rua Germán Riesco, aparece, dentro de uma saco de café, o tronco de um cadáver de sexo masculino embrulhado em uma toalha de linóleo amarelada. No pacote também se encontra uma longa mecha de cabelo castanho, uma corda de cânhamo retorcida e algumas páginas ensanguentadas do jornal *Las Últimas Noticias*, datadas de 4 de junho de 1923.

"O crime mais horroroso registrado nas crônicas policiais dos últimos tempos", seria a manchete do mesmo diário, e os demais jornais logo publicariam suas primeiras conjecturas: a vítima era um homem saudável e atarracado, de 35 a 40 anos, 70 a 75 quilos e 1,70 metro de altura, diz *El Mercurio*, enquanto o *Clarín* especula sobre seu estado de saúde momentos antes de morrer.

Rafael Toro Amor, cirurgião e jurisconsulto habitual dos tribunais, é escolhido para executar a autópsia no tronco do cadáver. E aí, para sua surpresa, encontra nas vísceras uma série de ingredientes que dariam corda às elucubrações: vinho tinto, carne moída com farinha e restos de embutidos. A imprensa coleta esses detalhes e publica suas suposições sobre a identidade do cadáver e também sobre sua classe social. "A pele clara e bem-cuidada, os braços finos e sem músculos parecem revelar uma pessoa decente que não se ocupava com o trabalho pesado", conjectura *El Diario Ilustrado*. "Trata-se de uma pessoa meticulosa, que cuidava de sua higiene, coisas que não são frequentemente vistas nas pessoas da classe baixa", acrescenta *Las Últimas Noticias*, embora poucos parágrafos à frente sugira que pode muito bem ser "um rufião dos bairros miseráveis".

O nome dos perpetradores é outro grande enigma. Devido à brutalidade do esquartejamento, a polícia suspeita da participação de dois ou três homens; uma gangue organizada, talvez. Mas a descoberta da mecha de cabelo comprido gera dúvidas, e a mídia levanta uma possibilidade inquietante: "Será que esse crime selvagem não foi resultado de um drama passional ocorrido na intimidade do lar?".

Confiando que a identificação do cadáver permitiria revelar a trama homicida, a polícia faz um apelo inédito aos 500 mil habitantes que então povoavam a capital. Solicita à população de Santiago, por meio de cartazes e notas nos jornais, que informe às autoridades qualquer ausência suspeita observada nos últimos dias. "O corpo deve ser de alguém que está desaparecido", declara um oficial, em uma frase que provavelmente adquiriu conotações muito diferentes no Chile da segunda metade do século 20 e que estabeleceria conexões inesperadas entre este caso e os desaparecidos da ditadura de Augusto Pinochet.

Depois do apelo à população, no necrotério de Santiago se aglomeram dezenas de pessoas que temem reconhecer algum ente querido. A peregrinação é interminável: homens e mulheres, idosos e crianças se revezam para inspecionar os pedaços do cadáver enigmático. Nos jornais, publicam-se as identidades de possíveis vítimas, mas os nomes e o corpo não coincidem, e a tragédia parece não ter fim. A revista *Corre-Vuela* descreve em rimas o que aconteceu nos corredores do necrotério e, curiosamente, suas palavras têm um fundo de verdade:

> *Con los pelos tal de punta*
> *todo el mundo horrorizado*
> *se hizo esta pregunta:*
> *¿quién será el descuartizado?*
> *A la sección presurosas*
> *con semblantes doloridos*
> *concurrieron las esposas*
> *a indagar en sus maridos.**

* Com o cabelo arrepiado/ todo mundo horrorizado/ se pôs a perguntar:/ quem será o esquartejado?/ Para a seção, lamentosas,/ com semblantes doloridos,/ compareceram as esposas/ perguntando de seus maridos.

Graças à cobertura jornalística e à abertura do caso para um público tão ávido quanto assustado, enfim aparece uma pista-chave. Um jornaleiro ambulante comparece à Segunda Delegacia de Polícia de Santiago e informa ao chefe de investigações, Salvador Orellana, o desaparecimento de um de seus colegas de trabalho. Trata-se de Efraín Santander, de 47 anos, conhecido no grêmio como El Águila [O Águia].

A descoberta de jornais em que os pedaços do cadáver estavam embrulhados ganha um novo matiz, e Salvador Orellana intui que está muito perto de resolver o enigma. Pesquisa nos arquivos policiais o processo criminal de Santander e o encontra, para sua surpresa, entre os acusados de litígios e lesões. Lá, entre pastas com descrições de crânios e mandíbulas, de orelhas e de tons de pele, constata que as características físicas de Santander combinam perfeitamente com as do corpo esquartejado e chega, por fim, a um endereço: rua Santa Rosa, 353, casa número 12. Um conjunto habitacional localizado em um dos bairros mais pobres de Santiago.

Rosa Faúndez, de 32 anos, esposa de Efraín Santander e também jornaleira ambulante, recebe os agentes na porta de sua casinha. A mulher não mostra nenhum sinal de preocupação com o desaparecimento do marido e sugere que a polícia o procure nas praias de Valparaíso ou em algum bar. Mas Salvador Orellana não se dá por vencido. Insiste em entrar na casa e, junto com o policial Amador Lizama, dirige-se ao interior do cômodo principal. Das paredes pendem retratos e postais, embaixo da cama vê-se um penico vazio, mas nada, absolutamente nada, parece fora do lugar. Exceto, talvez, a peculiar mesa que está no meio do aposento, e que Orellana mede de improviso com a palma das mãos, e a pele irritada na raiz do cabelo de Faúndez, de onde talvez, apenas talvez, houvesse uma mecha de cabelo arrancado em uma luta. A mulher, enquanto isso, anda para a frente e para trás e esfrega as mãos na saia de maneira nervosa. Os detetives, depois de duas horas de investigações, não conseguem coletar evidências suficientes para ordenar uma prisão e deixam a casa.

Na tarde do mesmo dia, regressam à rua Santa Rosa e dessa vez trazem consigo uma evidência fundamental: a toalha de mesa de linóleo que envolvia o tronco do cadáver. Em uma cena própria de Sherlock Holmes, que seria narrada repetidas vezes por jornais e revistas, os agentes se aproximam da mesa e estendem a toalha sobre ela. Espantados, comprovam que os vincos e as dobras impressos no material combinam perfeitamente com os contornos do móvel. Também encontram manchas de sangue seco no batente da porta, dois lenços ensanguentados embaixo de um baú e uma navalha afiada dentro de uma gaveta. Por fim, descobrem vários fios de cânhamo idênticos aos que amarravam a perna do cadáver e uma alpargata que decidem levar para o necrotério. O plano é experimentá-la, como em uma macabra Cinderela, no pé do defunto esquartejado.

Rosa Faúndez, desorientada, sem saber se olha para a mesa delatora, para a toalha, para as gotas de sangue ou para as próprias mãos, nega de forma enfática ter qualquer informação sobre o crime. Mas é presa assim mesmo e levada ao necrotério para identificar o cadáver. Só então, nas portas do aposento onde está exposto o corpo, Faúndez se rende: "Prefiro ser morta a ser submetida a essa tortura, e estou disposta a dizer a verdade". E a verdade deixa a imprensa chilena de 1923 estupefata: o famoso crime das caixinhas d'água havia sido cometido por uma mulher.

[Diário da margem]
Rosa Faúndez é a mais franca, a mais desafiadora das homicidas. Talvez seja por isso que não encontrei vestígios de sua voz nem cartas implorando por misericórdia em seu nome. Ninguém nunca

quis defendê-la e a sentença judicial diz pouco, quase nada, sobre ela. Só tenho as imagens em sépia que reuni dos jornais: ela, sua casinha, o leito do rio que atravessei tantas vezes. Fico obcecada sobretudo com uma imagem na qual ela aparece de corpo inteiro: o fundo preto, os sapatos brilhantes, a saia larga e grossa. Não sabe posar, Rosa. Isso também se aprende. Eu a imagino desconfortável na frente de uma câmera que nunca viu, sem saber para onde olhar, onde colocar as mãos, os olhos. Um policial grita que ela respire fundo. Que fique quieta de uma vez por todas. Mas Rosa não consegue controlar o corpo. "Por causa do tremor", explica um jornal, "não foi possível obter uma boa imagem." Nesta, Rosa Faúndez tensiona a mão e fecha os olhos com a explosão surpreendente do flash.

Apesar da detalhada confissão de Rosa Faúndez Cavieres, ninguém acreditou nela. Tratava-se, de fato, de um crime incrível. As mulheres deviam ser boas mães e esposas exemplares, deviam cozinhar e ter seis ou sete filhos e, acima de tudo, não deviam sair por aí esquartejando seus maridos. Sem dúvida havia cúmplices, máfias perigosas e segredos tenebrosos, disseram os jornais. Devia haver homens envolvidos para explicar o inexplicável.

Questionada sobre seus colaboradores, Rosa Faúndez balançou a cabeça de um lado para o outro e pronunciou três sílabas curtas: "So-zi-nha". E teve de repeti-las dezenas de vezes diante da descrença da polícia. "As características do crime e a maneira habilidosa como a mutilação foi realizada não admitem, dentro do cabível, que o ato tenha sido realizado apenas por uma pessoa, e por uma mulher", afirma com convicção um jornalista. Seria possível que uma mulher, e ainda por cima uma *única* mulher, tivesse assassinado e esquartejado Efraín Santander?

O dr. Rafael Toro Amor, responsável pelas sucessivas autópsias no cadáver, foi enfático em sua negativa. Impossível. Absurdo. Inimaginável. Ele descartou que uma mulher tivesse a força

e a coragem para seccionar a coluna vertebral em dois pedaços e acrescentou, para surpresa do público, que a causa da morte fora estrangulamento. O pescoço da vítima exibia sulcos indicativos do uso de uma corda, e esse achado o levou a deduzir que pelo menos duas pessoas pudessem ter participado do crime. Homens, ele afirmou com veemência, e deu o assunto por encerrado.

Essas investigações obrigaram Faúndez a revelar ainda mais detalhes sobre o assassinato, e sua história, reunida pela imprensa, esboçada por cartunistas e alardeada até a afonia por seus colegas jornaleiros, não deixaria ninguém indiferente.

Na noite de 3 para 4 de junho de 1923, depois de terem bebido na modesta casa que dividiam com três adultos e duas crianças, Rosa Faúndez e Efraín Santander começaram uma discussão acalorada. O motivo: trinta pesos que haviam desaparecido da carteira de Faúndez e a descoberta de uma carta enviada de Valparaíso por outra mulher. Nela, María Vargas se dirigia carinhosamente a seu querido Efraín e lhe pedia com urgência uma quantia: a cifra exata que havia desaparecido da carteira da esposa.

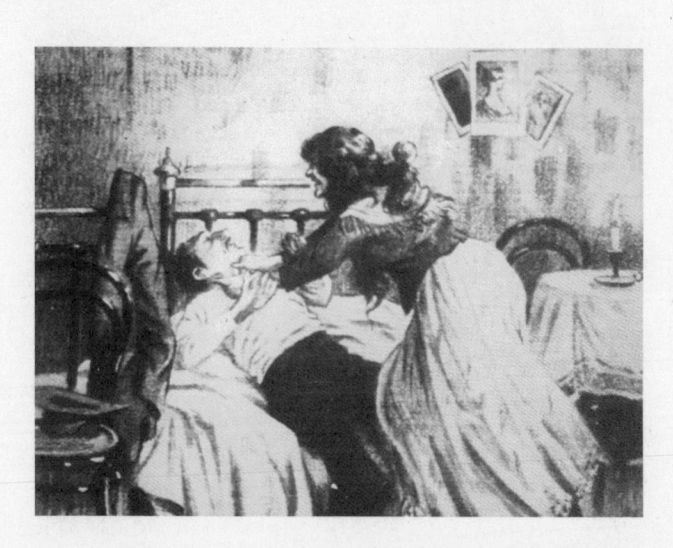

Em poucos minutos a discussão subiu de tom e passou das palavras às mãos. Santander deu uma bofetada em Faúndez e a agarrou com violência pelos cabelos. Mas ela, encorajada pelo álcool, furiosa por ter perdido o salário de uma semana inteira, pegou uma das cordas que usava para amarrar resmas de jornais e se lançou com ímpeto sobre o marido. Rodeou-lhe o pescoço com a corda e puxou ambas as extremidades até que as forças dele se esgotaram. Só soltou quando atestou que o marido desabara sobre a cama.

Efraín Santander jazia morto junto a ela, e Rosa Faúndez simplesmente não podia acreditar em seus olhos. Então, para não vê-lo, porque não suportou enxergar a si mesma refletida naquele olhar tão vazio, Rosa cobriu o rosto do marido com um lenço branco. Só de madrugada, quando já despontava o sol e seus inquilinos estavam prestes a acordar, arrastou o corpo pelo chão e o escondeu dentro de um baú grande.

A segunda-feira passou sem incidentes e sem que Faúndez resolvesse o que fazer. Na terça, quando um cheiro sinistro começou a invadir o cômodo, ela foi forçada a agir. Devia se livrar do corpo de alguma forma, e então lhe ocorreu a solução. Cortaria o cadáver do marido em pequenos pedaços, que ela mesma conseguiria transportar sem levantar suspeitas, e os esconderia, um após o outro, em diferentes áreas da cidade.

Naquela manhã, não foi trabalhar. Disse aos inquilinos que estava indisposta e esperou até que estivesse sozinha na casa. Tomou vários goles de aguardente, respirou fundo muitas vezes e, "usando uma faca muito afiada, começou a cortar a cabeça e as duas pernas". Rosa Faúndez empreendeu essa tarefa sem dizer uma palavra. Aproveitou os jornais que não vendera no fim de semana, os barbantes que usava para levá-los e a singular toalha de mesa amarela. Quando terminou sua tarefa, lavou as mãos cheias de sangue, saiu à rua para respirar ar puro e chamou uma diligência que passava pela avenida naquele momento.

Fingindo carregar uma trouxa de roupas recém-lavadas, Faúndez depositou o primeiro pacote em uma esquina pouco movimentada da cidade. Tratava-se do torso do cadáver, que dias depois acabaria por delatá-la. Pagou o condutor da diligência e continuou sua jornada a pé, seguindo o leito sinuoso do rio Mapocho, em cujas margens jogaria os outros pacotes macabros. Em 11 de junho, a cabeça do marido seria encontrada no canal de Las Hornillas e, na tarde do mesmo dia, a outra perna apareceria perto da rua Seminario. Em 18 de junho, a mão direita seria encontrada no canal Vivaceta e, por fim, em 16 de agosto de 1923, se reconstruiria o cadáver depois da descoberta, no mesmo canal, da mão esquerda de Efraín Santander.

[Diário da margem]

Examino com atenção a primeira manchete sobre o assassinato. Uma notícia impactante em letras vermelhas. Uma imagem que dispensa explicações. Procuro, nesses jornais empoeirados, qualquer pista sobre ela. Quem era Rosa Faúndez? Como se transformou depois do crime? Sei que faltou ao trabalho por dois dias, mas no terceiro voltou. Levantou-se antes do amanhecer, vestiu a saia e o casaco e caminhou nervosamente até a gráfica do jornal. Era das poucas trabalhadoras que sabia ler, e outros jornaleiros ambulantes perguntaram a ela qual era a manchete daquela manhã. O que diz?, foi a pergunta deles. Quais as palavras, exatamente? Só assim podiam declamá-las a plenos pulmões. "Crime horrível em Santiago!", gritariam nas esquinas. Mas Rosa, naquela madrugada, não é capaz de responder. Recusa-se a olhar este jornal que agora tenho em mãos. "Jamais li uma única linha sobre o crime que eu havia cometido", confessaria mais tarde. Como se, lendo-se naqueles parágrafos, agravasse seu crime. Como se a escrita, de alguma forma, cristalizasse a realidade. Ou como se temesse encontrar aqui, entre essas letras, uma mulher que nem mesmo ela conhecia.

Só depois de centenas de relatórios, de dezenas de fotografias e de inúmeros editoriais publicados é que o povo santiaguense abandonou o estupor e compreendeu a verdade chocante. Tratava-se, sem sombra de dúvida, de uma mulher homicida.

Até as pontas soltas encontraram uma explicação durante o julgamento. Interrogada sobre a razão pela qual naquela noite ninguém os ouvira discutir, Faúndez foi enfática, e os inquilinos confirmaram sua versão: estavam todos bêbados. E, diante da incredulidade sobre a capacidade de uma mulher para carregar sem ajuda o cadáver de um homem adulto, a acusada respondeu com um experimento. Sob o olhar atônito dos policiais, Rosa se aproximou do mais robusto dos funcionários, passou os braços em volta dele e o arrastou para dentro de um baú. "Uma mulher poderia ter feito sozinha o esquartejamento do cadáver?", pergunta-se então uma nota em *El Mercurio*. "Esta mulher, pelo ambiente em que exercia suas atividades, tem traços viris vigorosos", conclui a mesma reportagem.

A feminilidade da acusada, ou, a rigor, sua falta de feminilidade, seria central durante todo o julgamento. A extrema violência do assassinato, o fato de que fora perpetrado sem

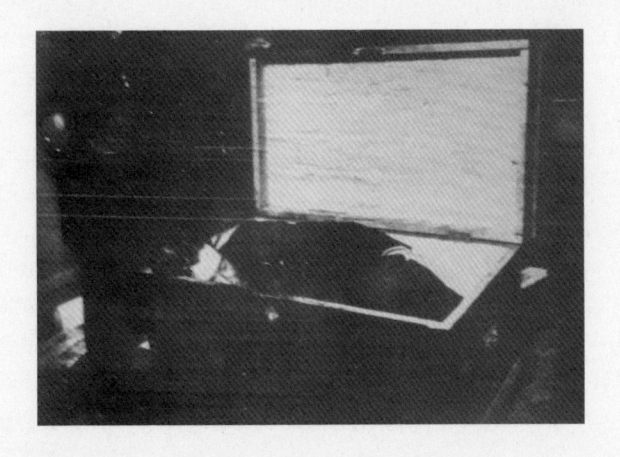

cúmplices e de que acontecera na esfera pacífica (e feminina) do lar confrontou o país com a alarmante possibilidade de que uma mulher matasse o marido com as próprias mãos. E, frente a esse cenário tão catastrófico, o promotor reagiu com uma retumbante negativa. "É quase impossível", observou ele, "que uma única pessoa, sobretudo uma mulher, pudesse ter permanecido silenciosa, muda, inalterada, não revelando nenhuma emoção de arrependimento diante da magnitude e da crueldade do ato."

Com essa breve elucubração, o promotor traça um perfil que pretende desviar a atenção dos matizes sangrentos do caso. Sua concisa descrição não lembra mais aos leitores o assassinato ou a mutilação, não se concentra mais na conduta criminosa de Faúndez e nem mesmo narra a ocultação do cadáver, mas descreve a atitude da autora *depois* do crime: o silêncio, o autocontrole, a falta de emoção. "Ela não mostrou nenhum arrependimento", acrescenta um jornal; "uma tranquilidade espantosa", conclui outro.

A mídia e o promotor se alinham para afirmar o seguinte: uma mulher desprovida de emoções não é uma mulher *normal*. E, para comprovar a teoria, mencionam outros atributos duvidosos da perpetradora: aos 32 anos, Rosa Faúndez não tinha filhos e trabalhava nas ruas como jornaleira ambulante. "Rosa trabalhava como qualquer garoto", indica *El Mercurio* em um tom mais acusatório do que descritivo. A esse desprezo de gênero, a essa intromissão na esfera trabalhista e masculina, acrescentam-se transgressões ainda piores: violenta, corpulenta, não mãe e, ainda por cima, sem um pingo de emoção. A mesma nota narra que os policiais, "para evitar o falatório dos vizinhos durante sua transferência, a levaram para longe dali disfarçada de homem, com as roupas de Santander". E esse traje, junto com seu estilo de vida e sua suposta frieza, serviu para dar credibilidade à hipótese peculiar do promotor: Rosa Faúndez Cavieres não poderia ser uma mulher como outra qualquer.

Tanto na acusação como nas declarações à imprensa, o promotor traça uma conexão entre a desobediência de gênero representada por uma mulher trabalhadora, o avanço do movimento feminista e o assassinato violento de Santander. Trabalhar, ganhar um salário e andar pelas ruas sem um homem para protegê-la foram apresentados por ele como prelúdio para a mais grave infração da acusada: o homicídio. Mais uma vez, as transgressões à lei de gênero antecipam a transgressão penal. Um relato de rebeliões encadeadas que permitiu sem contestações difundir a hipótese dominante nesse julgamento: o de uma mulher fracassada. Os maridos podiam dormir tranquilos porque Rosa Faúndez não tinha nada a ver com suas esposas dóceis e femininas.

Embora curiosa, essa masculinização e patologização da acusada já contava então com o apoio da popular antropologia criminal italiana. Décadas atrás, Cesare Lombroso e Guglielmo Ferrero haviam examinado centenas de mulheres presas para nelas descobrir traços comuns que lhes permitissem definir a *donna delinquente*. Depois de medir crânios, polegares e orelhas, depois de inspecionar arcadas dentárias e de delinear centenas de narizes, os criminologistas publicaram suas polêmicas conclusões: havia bem poucas diferenças entre as delinquentes e o que eles denominaram "mulheres normais". Uma semelhança que consideraram chamativa, mas que, em vez de fazê-los descartar a questionável metodologia ou a abandonar a tese epigenética, levou-os a outra declaração surpreendente: como umas e outras eram tão parecidas, significava que *todas* as mulheres eram criminosas por natureza, e que as delinquentes, ou seja, as que seguiam os impulsos criminosos, eram nada menos do que monstruosas. Uma conclusão desconcertante e que leva a crítica alemã Susanne Kord a perguntar astutamente: se todas nós mulheres somos delinquentes por natureza, mas as mulheres delinquentes deixam de ser mulheres e se tornam monstros, qual é o verdadeiro gênero da mulher criminosa?

O promotor encara Rosa Faúndez e dá de ombros. Com certeza aquela mulher severa, de lábios finos, cabelos escuros e olhar penetrante não pertencia ao chamado sexo frágil. Além disso, concluiu, Faúndez tinha "as características anatômicas e patológicas de certos delinquentes". Havia algo em seus lóbulos, na espessura de suas sobrancelhas, em suas pupilas escuras e naquelas duas mãos que ela insistia em esconder.

[Diário da margem]

Viro a página do frágil processo judicial. Acho difícil ouvir a voz dela nessas frases tão formais, tão típicas de juízes e de advogados: *de cujus*, ínterim, dolo. E me pergunto o que ela de fato disse. A voz de Rosa Faúndez era grave? Ela gaguejava? Quais palavras terá escolhido para narrar sua vida? Volto-me, como se estivesse montando um quebra-cabeças, para outra fotografia. Aqui, Rosa é levada para a cena do crime. Vai com os olhos baixos, as mãos algemadas, e está rodeada por quatro oficiais. Sei que vão mandar que ela se aproxime da cama, pegue a faca e a enfie em um corpo imaginário. E também sei o que vai acontecer quando ela sair da casa. Os intrusos, os rumores, as cusparadas. Os vizinhos dirão aos repórteres que certa vez Rosa cravou um punhal em um inquilino, que cortou o rosto de seu próprio pai, que era de temperamento explosivo. Eles a cercam e a empurram, e eu aproximo a imagem dela de meus olhos para vê-la com mais clareza. Então, quando quase posso tocar seu rosto, ela levanta a cabeça e dispara a única frase registrada pelos jornais: "O que está acontecendo com eles?", diz. "Por acaso nunca viram uma mulher na vida?".

O fato é que Rosa Faúndez Cavieres, apesar de seus múltiplos desacatos, realmente considerava a si mesma uma mulher. E talvez por isso o mesmo promotor que a definira como excêntrica e anormal, como uma falsa mulher, tenha sido forçado a esboçar em sua acusação um perfil mais comum, escrever uma ou duas linhas que os jornais pudessem plasmar em suas páginas e que o juiz encontrasse nos códigos sem grandes problemas. E nada melhor do que o ciúme, do que o atávico crime passional, para normalizar a desafiadora jornaleira ambulante.

"A vontade de delinquir nasceu", declararia o promotor, "por causa da excitação que o ciúme produziu na mente irritável de Faúndes (sic), isto é, sob o império da raiva."

A contradição nos argumentos não parece tirar o sono do indeciso promotor. Depois de construir o perfil de uma mulher sem emoção, um ser frio e inescrupuloso, apela a nada menos que o excesso de emoção. No fim das contas, parece dizer, Rosa Faúndez era mesmo uma mulher e como tal, ou seja, como um ser emocional por natureza, foi deixada ao capricho de seus impulsos. "Uma mulher enfurecida pelo ciúme foi a protagonista da horrível tragédia", conclui uma manchete que poderia muito bem estar estampada nas bancas há menos de uma semana.

De fato, o ciúme permeou os crimes de sangue desde o já distante século 19, quando se cunhou na França a categoria de *crime passionnel*, até o presente, em que a imprensa ainda alude a "ataques de ciúmes" e a "paixões nervosas" para descrever homicídios perpetrados na esfera doméstica. O papel do ciúme, é claro, continua sendo diferente em assassinatos cometidos por homens e mulheres, o que se traduziu em centenas de homens eximidos de responsabilidade por ter agido movidos por "explosões passionais" e dezenas de mulheres castigadas exatamente pelo mesmo motivo.

Essa diferença revela a relação violenta de domínio dos homens sobre o corpo das mulheres, consideradas sua propriedade para bater ou assassinar, mas aponta, uma vez mais, para uma ideia desigual da honra. Enquanto os homens podiam matar por ciúmes e esgrimi-los como um fator atenuante se tivessem agido em defesa de sua honra, as mulheres não tinham o direito de defender essa honra porque não poderiam perdê-la por causa da infidelidade do marido. Assim, por mais ciumenta que fosse Rosa Faúndez e por mais infiel que houvesse sido Santander, a honra da mulher não tinha sido degradada pela existência de uma amante, porque essa honra não dependia de seu marido, mas exclusivamente dela: de *sua* fidelidade a Santander ou de *seu* celibato. E, por essa razão, o ciúme não serviu, nesse caso, como atenuante do crime.

A alusão ao ciúme por parte do promotor não serviu, então, para qualificar o delito ou para atenuar a responsabilidade de sua autora, e sim para atingir outro objetivo: normalizar a feminilidade duvidosa de Rosa Faúndez. Falar em ciúmes e paixão, falar de um ato cometido sob o império da cólera, permitiu ao promotor atribuir à inefável assassina um sentimento natural nas mulheres sem pôr em dúvida seu castigo. Mas Rosa Faúndez e seu advogado viram nessa manobra uma oportunidade. E, assim como ocorrera com Corina Rojas e sua hábil reviravolta da histeria, também Faúndez recorreria a um dos "truques dos fracos" de Josefina Ludmer e invocaria os ciúmes, tão femininos, tão avassaladores, para se pôr a salvo do castigo.

Seu advogado, atento às reviravoltas argumentativas do promotor, alude em sua defesa ao "caráter cheio de paixões profundas, intensamente ciumento" de Rosa Faúndez e sustenta que a representada, por sua natureza feminina, se vira presa de uma "excitação poderosa, dominadora e violenta, derivada do ciúme". O defensor sugere a hipótese de uma explosão incontrolável, a fim de mitigar a responsabilidade de sua defendida e evitar uma pena exemplar. "Espero que a justiça não seja tão dura em me julgar", declara à imprensa Rosa Faúndez. E acrescenta, com uma fascinante consciência de sua própria genealogia delituosa: "Como Corina Rojas foi absolvida?".

Mas, antes de receber o perdão, em 1922, Corina Rojas passara quase sete anos atrás das grades à espera da pena capital, e essa foi a punição severa que suscitou o apoio de tantas organizações de mulheres. Faúndez, sem advogados de renome nem trama de amores trágicos, sem assassinos de aluguel, bruxas ou maridos ricos, com nada além de suas próprias mãos como arma e sua pobreza como cenário, não gerou a mesma onda de solidariedade.

Depois de ouvir os argumentos, o juiz escolheria seu próprio caminho. Ele descartou a hipótese excêntrica de uma falsa mulher e admitiu que Rosa Faúndez agira motivada por uma explosão de ciúmes, mas decidiu não atenuar sua responsabilidade penal. O magistrado alcança, assim, um duplo objetivo: normalizar Rosa Faúndez, atribuindo-lhe um sinal de amor tipicamente feminino e característico das expectativas amorosas da época, e impor uma punição exigida aos gritos pela sociedade.

Rosa Faúndez Cavieres, protagonista de um dos casos policiais mais marcantes da história do Chile, foi enfim condenada a doze anos de prisão efetiva. Uma pena menor à luz da violência do assassinato, mas que não pôde ter sido agravada devido à ausência de testemunhas confiáveis e de um vácuo legal em torno do esquartejamento do cadáver. E, embora não tão severa, essa sentença provou ser mais do que suficiente: retirou a perturbadora assassina das ruas de Santiago, das manchetes dos jornais e das fofocas da cidade e, ao contrário do que ocorrera com Corina Rojas, não deu origem a pedidos de clemência. O caso, apesar do impacto que causou no Chile na época, foi logo encerrado. O mistério do esquartejamento, o famoso crime das caixinhas d'água, foi resolvido depressa e, com igual urgência, arquivado.

[Diário da margem]

Encontrou por fim o que procurava?, me pergunta o arquivista da Biblioteca Nacional. Ele me chama de "meu amor", "minha garota", até que lhe explico em que consiste minha pesquisa. Então, mudo, ele me entrega o último microfilme com jornais da época. Fico semanas procurando vestígios de Rosa Faúndez. Produções artísticas da década de 1920 inspiradas em seu crime. Não descobri músicas nem filmes, tampouco poemas. Ninguém queria falar sobre essa mulher. Volto, desanimada, para a mesa compartilhada e espalho, lado a lado, minhas cópias das fotografias mais violentas publicadas pelos jornais: pedaços, pedaços e mais pedaços do cadáver. Um estudante sentado ao meu lado espia minha coleção sinistra. Ele me examina, franze o cenho e esquadrinha as imagens outra vez. Uma foto é uma definição, penso. Um conjunto de fotografias, por outro lado, pode ser um relato, uma exposição.

Depois de semanas sem resposta, entendo por que não encontrei o que procurava. Vejo a cabeça decapitada sobre uma bancada. Vejo a perna amputada sobre uma mesa. Vejo o torso exposto em uma sala vazia. O próprio cadáver de Efraín Santander foi exibido como uma obra de arte.

Que um assassinato produza ressonâncias estéticas não é de todo original. Embora provocativa, essa ideia foi formulada duzentos anos atrás pelo escritor Thomas de Quincey em sua obra *Do assassinato considerado como uma das belas-artes* e retomada depois do famoso crime perpetrado pelas irmãs Papin na França em 1933.

Christine e Léa Papin, duas garotas francesas que trabalhavam como criadas, assassinaram a srta. e a sra. Lancelin, as patroas, em sua casa na rua Bruyère, em Le Mans. Elas as espancaram, dilaceraram seus corpos, arrancaram os olhos das órbitas e depois se abraçaram em uma cama à espera do que aconteceria. E o que ocorreu com elas foi além da sala dos tribunais. Jean-Paul Sartre e Simone de Beauvoir embarcaram em uma fascinante discussão acerca das conotações de classe do crime violento; o escritor Jean Genet se inspirou nesse assassinato para escrever sua célebre obra *As criadas*; e até Jacques Lacan publicou um texto sobre as fronteiras psicanalíticas do crime. O duplo homicídio também foi reivindicado pelos poetas Paul Éluard e Benjamin Péret como um gesto típico da iconografia surrealista, enquanto André Breton declarava alto e bom som que o ato surrealista por excelência era sair à rua e disparar contra a multidão.

O contexto chileno na época do assassinato de Santander era, sem dúvida, radicalmente distinto. Embora as vanguardas literárias tivessem começado sua formação anos atrás, e as primeiras críticas aos códigos academicistas nas artes plásticas estivessem se consolidando, o surrealismo não existia e ninguém pensou em algo tão louco quanto apreciar o corpo em pedaços do ponto de vista estético. O assassinato do jornaleiro não falou com os artistas do Chile de 1923, mas isso não implica que o crime não tenha tido, em si mesmo, ressonâncias estéticas.

Pelo modo progressivo como os fragmentos do cadáver foram aparecendo e o grande interesse que o caso despertou na população, o assassinato foi narrado pela imprensa como um mistério, e a polícia envolveu a população da capital em sua resolução. O necrotério abriu as portas ao público e uma peregrinação bizarra passava por seus corredores gelados. Bem ali, sobre uma mesa parecida com uma vitrine, estavam os fragmentos do corpo de um homem mutilado.

As semelhanças com uma galeria de arte são sugestivas: a disposição da mesa ("que está mais voltada para a rua", segundo *Las Últimas Noticias*), a localização da obra voltada para o público, o horário de entrada e saída e o sem-número de espectadores. O estado de ânimo dele diante da excêntrica exibição é enigmático, mas com certeza variou entre a curiosidade e o medo, passando pelo asco, pela atração e pela repulsa. Um leque de emoções semelhante ao que poderiam causar algumas performances contemporâneas, como as da artista sérvia Marina Abramović, que se expõe a ser dilacerada por seu próprio público, ou a francesa ORLAN, que exibe ao vivo e em cores as cirurgias plásticas realizadas em seu corpo. Mas, ao contrário dessas atuações, nas quais se delimita antecipadamente o espaço de exposição, o crime perpetrado por Rosa Faúndez ultrapassou todas as fronteiras.

A descoberta de pedaços do cadáver em várias áreas do rio Mapocho e a demora para encontrar todos os fragmentos transformaram toda a Santiago em uma grande sala de exposição, seus habitantes como espectadores do corpo masculino mutilado. Esse desdobramento confrontou a população da capital com um inesperado temor. O interior do corpo — seus fluidos e sua carne — se viu de repente exposto, e, talvez pela violência dessa exibição, a imprensa optou por omitir algumas características do cadáver. Nenhum jornal publicou que o pênis de Efraín Santander apresentava secreções sifilíticas nem que seus intestinos foram encontrados em um pacote à parte. O simbolismo desses achados talvez fosse excessivo: o corpo masculino transbordava e não havia maneira de contê-lo.

A referência ao sexo do cadáver, no entanto, não é um detalhe sem importância. Embora na história da arte o corpo fragmentado sempre tenha tido lugar de destaque, as conotações simbólicas são diferentes se esse corpo for masculino ou feminino. O fato é que a fragmentação, como observa a teórica feminista Rosi Braidotti, foi a condição histórica da mulher, e o corpo feminino mutilado, um lugar-comum nas artes visuais. Uma fetichização que não é inofensiva e que, nas palavras da ensaísta Linda Nochlin, permitiu à sociedade localizar a morte e a podridão longe da masculinidade dominante e manter o corpo masculino a salvo de ameaças desnecessárias. E foi essa, e não outra ameaça, que se tornou perigosamente visível no cadáver de Efraín Santander.

Para além das correntes artísticas em voga ou das opiniões pessoais, os visitantes do necrotério, os leitores dos jornais e mesmo aqueles que atravessavam as muitas pontes de Santiago viram na figura do jornaleiro morto sua própria finitude, a transformação em dejeto de um homem comum. E diante de tal ameaça, agravada pelo fato de a autora ser uma mulher, era urgente uma reação firme — trabalho que a imprensa levou bem a sério.

Enquanto o cadáver permanecia anônimo e o caso se apresentava ao público como um verdadeiro enigma, os jornais insistiram não só em esclarecer a identidade do corpo, como também sua condição social. Nos primeiros dias, quando ainda circulava a hipótese de uma cirurgia ou uma amputação, o corpo foi descrito como o de "uma pessoa decente", mas, quando a hipótese criminal entrou em cena, a decência se desvaneceu. "Trata-se de um representante da classe baixa", especulou um editorial entre muitos outros que se referiam a um valentão e aos bairros miseráveis de Santiago.

A impossibilidade de individualizar o cadáver foi utilizada pela imprensa com um objetivo questionável. O asco provocado pela mutilação e pelo sangue, pela podridão e pela abjeção foi habilmente deslocado pelos jornais de uma pessoa sem nome para um grupo perfeitamente definido. Ou seja, do corpo individual ao corpo coletivo, ligado pelas reportagens àquilo que está abaixo, o sujo, o negligenciado e o mestiço. A imprensa sugere que *isso* (a carnificina, a mutilação, o assassinato) só poderia acontecer a alguém marginal, o que leva à conquista de um objetivo controverso: expulsar esse sujeito abjeto de uma

sociedade supostamente branca e limpa e assim tranquilizar os *verdadeiros* integrantes do país.

Essa estratégia, por mais sofisticada que pareça, não passou despercebida. A década de 1920 viu no Chile o apogeu do sindicalismo e uma expansão das ideias socialistas. Toda semana se organizavam grêmios e associações e, desse modo, rondava pelas ruas um despertar sobre o classismo latente na sociedade chilena. Uma consciência de classe também presente no sindicato dos jornaleiros ambulantes, que expressaria abertamente seu desconforto com a cobertura midiática do crime através de longas cartas aos jornais:

> Nós, que pertencemos ao Sindicato dos Jornaleiros Ambulantes, somos os primeiros a lamentar o infortúnio que abalou o país, apesar de a vitimária não pertencer à nossa organização sindical, mas sim a vítima. Isso, sr. editor, é o produto da ignorância em que os proletariados se encontram há séculos até esta data [...] e não pode dar lugar para que a opinião pública se volte contra todos os jornaleiros ambulantes.

A contestação do sindicato é mais complexa do que parece. Por um lado, procura distanciar a organização do elemento contaminador, a jornaleira ambulante assassina, e por outro pretende defender a dignidade de seu trabalho diário. Ao longo do julgamento, a associação esteve atenta à cobertura jornalística e, uma vez resolvido o caso, reivindicou como seu o cadáver de Efraín Santander. Seus membros (com o perdão da palavra) compraram coletivamente uma gaveta, planejaram o velório e procuraram fazer com que o funeral fosse acompanhado por todos os jornais. O objetivo: reverter o estigma promovido pelos repórteres, pôr sob a terra o incômodo cadáver e reafirmar o lugar da organização na estrutura social do país.

Mas a identificação classista entre o criminoso e o proletário, entre a "classe baixa" e o corpo esquartejado, não foi a única manobra duvidosa empreendida pela imprensa. Enquanto o processo ainda estava correndo nos tribunais, imagens que hoje provavelmente não veriam a luz do dia ilustraram cada uma das notícias sobre a violência do assassinato.

Essas fotografias perturbadoras, em que os investigadores aparecem ao lado das várias partes do cadáver, não apenas participaram do processo de identificação, como cumpriram outro objetivo. Frente ao espanto causado por uma mulher que tinha esquartejado o marido e jogado seus pedaços no rio Mapocho, a polícia decidiu exibir, diante do público, os fragmentos do cadáver. Era urgente conter o medo desencadeado pelo crime, e nada melhor do que reproduzir incessantemente imagens nas quais o corpo aparece sob a custódia por investigadores. Em um trabalho conjunto, a imprensa e a polícia seriam responsáveis por reafirmar a autoridade masculina posta em xeque pelo crime e agora personificada por homens vivos e com todos os seus membros.

As notícias nos dias posteriores ao crime também foram eloquentes: "As autoridades e o público se encontram plenamente satisfeitos com a investigação e dedicaram apenas frases de incentivo à equipe de busca", diz um jornal, enquanto outro acrescenta que "a inteligente investigação do departamento de segurança merece os cumprimentos do presidente da República". Mesmo Efraín Santander, alcoólatra e responsável por vários episódios de violência contra a esposa, seria depurado pela imprensa: "Seus bons costumes chamavam a atenção dos vizinhos", "cumpria de forma frequente seus deveres como proprietário", "um homem íntegro", conclui um jornal, como se essa palavra, essa *integridade*, pudesse reparar a degradação do marido feito em pedaços.

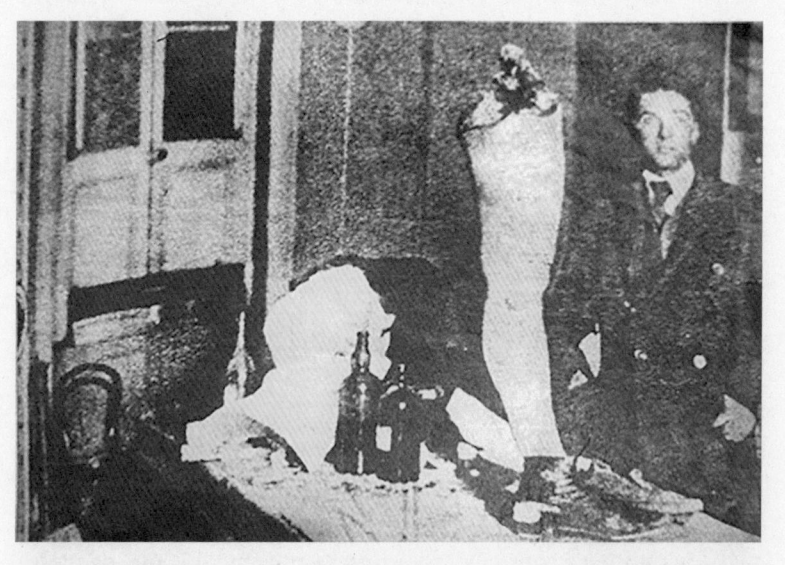

O icônico crime das caixinhas d'água criaria sua própria audiência e provocaria uma reação não só visceral, mas estética, nesse público. O corpo fragmentado em primeiro plano, sua exposição no necrotério e a reprodução em série de fotografias dão conta desse processo de estetização. E talvez esse impacto que ultrapassa o noticioso explique a ausência de produções artísticas inspiradas no crime. Ou talvez um mero anacronismo tenha tornado esse tipo de crime ilegível para os artistas, dramaturgos e escritores da época. A verdade é que o contexto histórico e artístico dos anos 1920 não deu espaço a ecos culturais. O assassinato, no entanto, continuou presente, como uma sinistra sombra nas margens do rio Mapocho, até 1992. Seria necessário que se passassem setenta anos e a ditadura mais sangrenta da história do Chile para que o caso, por fim, encontrasse seu tempo. Ou que os tempos, talvez, encontrassem seu caso.

[Diário da margem]

As notícias sobre Faúndez diminuem à medida que os meses se passam. Primeiro, uma página inteira. Depois, meia página. No fim, pequenas notas na seção de crônicas policiais. É cada vez mais difícil para mim investigar o destino dessa mulher. Uma nota mínima, quase ilegível, informa que Faúndez ainda não havia sido sentenciada. Está presa há mais de dois anos, mas seus advogados declinaram de representá-la. "Irrepresentável", anoto, e ao lado desta palavra também escrevo "ilegível", "irrecuperável". O bibliotecário me diz que eles estão prestes a fechar, mas me entrega uma última fita. Então, de repente, uma descoberta. Rosa Faúndez protagoniza uma rebelião na cadeia. Uma freira se recusa a lhe dar uma xícara de café e ela, furiosa, joga o jarro na cara da outra. A religiosa chama os guardas, mas é tarde demais. "As outras presas saíram em defesa de Faune [sic], dando pauladas e assobios." Rosa Faúndez, finalmente, tinha encontrado quem a defendesse.

Rosa Faúndez nem sequer pôde ser chamada por seu nome verdadeiro em 1923. Os jornais falaram de Rosa Faune, Faúndes, Faúndez, Rosa Cavieres, María Rosa Fauna, María Cavier, María Faune ou La Rosa, simplesmente. Um equívoco sintomático, que prova as dificuldades que a sociedade teve para lidar com esse crime e singularizar a autora. Rosa Faúndez, a Rosa inominável, era demasiado provocativa, demasiado pobre, demasiado violenta e perigosa. Não ter nome facilitaria a amnésia coletiva. E essa mulher deveria ser apagada da história o quanto antes.

Os canais da memória, no entanto, sempre encontram sua desembocadura. E Rosa Faúndez reapareceria em 20 de março de 1992 em um cenário insuspeito. Sete décadas se passaram desde o assassinato de Efraín Santander, mas atrás das cortinas pesadas do Teatro Nuval, em Santiago do Chile, vestida com uma grossa saia e o torso nu, reaparece Rosa, a Esquartejadora. Era a estreia de *Historia de la sangre* [História do sangue], um marco cultural da pós-ditadura chilena.

O público da capital assistiu naquela noite a uma representação pouco convencional: iluminação fluorescente, música dissonante e um cenário teatral calcado em poucos elementos, dentre eles uma cabine de vidro localizada no lado esquerdo do palco. Em seu interior, reclusa e sem porta de fuga, estava a atriz Amparo Noguera, encarregada de interpretar Rosa Faúndez Cavieres.

Historia de la sangre foi, para Alfredo Castro, o diretor, para o ator Rodrigo Pérez e para a psicanalista Francesca Lombardo um árduo trabalho de pesquisa. O projeto consistia em criar uma obra baseada em testemunhos de pessoas confinadas em prisões e hospitais psiquiátricos e que tivessem cometido, nas palavras do diretor, crimes por amor. Dentro dessa categoria apareceu em seu caminho o caso das caixinhas d'água, e os dramaturgos se propuseram a reunir notícias para incorporar a assassina à produção.

Rosa se tornou uma de suas protagonistas. Com o peito nu e uma trança muito longa, aludindo à corda com a qual estrangulara o marido, a personagem faz um monólogo sem resposta. Rosa, a Esquartejadora, narra como matou Efraín Santander, fala sobre a toalha de linóleo, sobre o cabelo comprido e sobre o esquartejamento do cadáver, mas, à medida que nos aproximamos do desenlace, suas palavras se tornam mais opacas: "O derramamento de sangue aniquilou qualquer vestígio de pudor ou vergonha em El Águila", diz ela.

As palavras dela não encontram resposta. As reações dos outros personagens são corporais e gestuais, mas nunca discursivas. Nenhum, na verdade, fala de modo direto com os demais. Em discursos poéticos e alegóricos, tremendamente evocativos, a obra alude à morte e ao amor, a uma violência demencial, a crimes perpetrados contra filhos e pais, contra esposas e maridos. E essa referência ao sangue teve fortes ressonâncias no Chile dos anos 1990. O país tinha acabado de sair de dezessete anos de ditadura e estava apenas começando a enfrentar uma violência que não havia sido reconhecida nem punida.

Essa menção à violência política é indireta na obra. *Historia de la sangre* não fala das vítimas de tortura ou dos presos desaparecidos, mas, com grande força, fala de outros que desapareceram. No palco aparecem sujeitos descartados pelo novo Chile pós-ditadura: pobres, loucos, órfãos, assassinos, todos esvaziados de uma linguagem coerente e debilitados pela dor que o discurso da justiça "na medida do possível" queria urgentemente esquecer. A obra desconsidera os imperativos de moderação e silêncio do processo de transição. E nada melhor do que a mutilação de um corpo sem identidade como metáfora da pátria desmembrada do início dos anos 1990. Se 1923 não tinha dado lugar a ecos artísticos inspirados em Rosa Faúndez, a deriva de pedaços corporais pelo rio Mapocho iria encontrar, em 1992, depois de uma ditadura sangrenta em que apareciam corpos na margem desse mesmo rio, o contexto ideal para detonar esteticamente esse assassinato.

Devido ao peso esmagador do contexto pós-ditatorial, à leitura alegórica a que foi submetida essa importante peça de teatro e ao fato de que o feminismo foi convenientemente deslocado para as margens da temerosa transição chilena, outro elemento-chave da produção, o amor, passou quase despercebido para a crítica. Castro, Pérez e Lombardo se empenharam por semanas em visitar prisões e hospitais psiquiátricos e esquadrinhar jornais antigos em busca do que eles batizaram de crimes passionais. E, nessa investigação e sob esse rótulo, resgataram o crime das caixinhas d'água. Embora a produção releia em uma chave dramática esse assassinato, seu próprio diretor afirmou em mais de uma ocasião que não havia ficção na obra: tratava-se de testemunhos trabalhados em chave simbólica. E a palavra "testemunho", recém-recuperada pela democracia, tinha um halo de verdade que inevitavelmente foi deslocado para a qualificação dos crimes: passionais.

Dizer *crime passional* e falar de assassinatos cometidos *por amor* implica afirmar, nesse caso, que a opinião do começo do século 20 estava certa: Faúndez executou o assassinato "sob o império da cólera" e "movida pelos ciúmes". "Eu amava El Águila", diz Rosa, a Esquartejadora, no palco. "Ele tinha outras mulheres, isso me deixava cega." E continua: "Matei sozinha El Águila, ninguém me ajudou. Me bastaram uma faca, meu ciúme e meu amor".

Na voz de Rosa, nessa primeira pessoa que não aparece na sentença judicial e que quase não foi registrada pelos repórteres da época, ouve-se a suposta motivação para o crime. A Rosa interpretada por Amparo Noguera revive o mesmo ciúme usado no processo penal para normalizar a assassina sem que o aparato crítico dos anos 1990 reparasse nessa operação. Em um monólogo descrito como testemunho, Rosa deixa de ser a desafiadora autora de um crime escandaloso e se torna examinável sob os arquétipos em vigor tanto em 1923 quanto no presente.

O caso das caixinhas d'água foi um verdadeiro crime passional? Será que Rosa Faúndez matou no auge de um ataque de ciúmes ou fez isso em legítima defesa? Ela esquartejou o marido como um ato de vingança ou como uma estratégia para esconder o corpo e evitar uma pena que poderia levá-la ao fuzilamento? O amor romântico, como construção cultural, andou historicamente de mãos dadas com o ciúme. E as mulheres, isoladas em suas casas e com o horizonte estreito do amor como única saída, caíram muitas vezes em suas armadilhas. Mas esse, decerto, não parece ser o caso. Ou ao menos cabe uma dúvida razoável sobre as verdadeiras motivações do homicídio.

A poderosa crítica à memória transicional presente na obra de teatro não impediu que seu texto transitasse pelo caminho habitual dos ciúmes. Francesca Lombardo mergulhou na figura da mulher louca de ciúmes em uma entrevista. "Estatisticamente, o crime é menos comum entre as mulheres, porque elas são mais submissas e controladas", diria ela. "Mas a paixão transborda de forma irreprimível quando o dique se rompe. Nas brincadeiras, o menino quebra o caminhãozinho com um golpe; a menina arranca os cabelos da boneca, fio a fio." Lombardo se torna parte de uma cadeia delicada de essencialismos fundada na natureza conformista à qual Cesare Lombroso aludiu no distante ano de 1895. E acrescenta que as próprias mulheres seriam emotivas e apaixonadas, a ponto de serem sádicas quando perdem o controle. Como se não tivesse passado um minuto entre 1923 e 1992, as palavras dela revivem estratégias idênticas às empregadas pelo promotor durante o julgamento de Rosa Faúndez: a mulher desprovida de emoção que, mais tarde, comete o crime dominada por um excesso de emoção.

Mas uma diferença importante distingue o papel desempenhado pelo ciúme no passado remoto e nos neoliberais anos 1990. Se em 1923 essa emoção havia servido para feminilizar uma mulher descrita como robusta e mulher-macho, em *Historia de la sangre* o ciúme anda de mãos dadas com a erotização. Toda vez que fala, Rosa, a Esquartejadora, precisa se agachar para chegar ao microfone que está na altura de seus joelhos. E em cada intervenção ela ondula e agita seu corpo em uma evocação claramente sexual. Com o torso despido, confinada a essa exótica vitrine de vidro, não é mais a temida mulher masculina de 1923, mas a também aterrorizante *femme fatale*. Outra mulher de temperamento explosivo que serviu para deslocar a agressão feminina do terreno impensável da violência para o mais conhecido território do gênero. Em suas curvas e seios, em sua cintura fina e seu olhar que mata, Rosa, transformada em *femme fatale*, é disciplinada mais uma vez.

[Diário da margem]

A sentença judicial é concisa. Suas lacônicas descrições revelam apenas o suficiente: "Rosa Faúndez Cavieres. Trinta e dois anos. Casada. Jornaleira ambulante. Sabe ler e escrever. Detida duas vezes por ferimentos. Natural de Santiago". Toda afirmação é um talvez, eu anoto. Toda resposta é uma dúvida. Semanas de busca me deixaram sem uma única certeza. Escavo o processo como se algum segredo estivesse lá escondido, mas não demoro muito para voltar às fotografias. Talvez Rosa também tenha visto esse retrato. Essa pequena imagem embaçada em que ela esconde as mãos entre as dobras da saia. No que ela estava pensando, então? Será que tocou as palmas das mãos, o dorso, para comprovar que existiam além da margem da página? Imagino-a sobrecarregada, respirando ofegante, examinando suas unhas roídas, os nós salientes dos dedos, segurando um jornal onde ela está, mas não está, onde há uma mulher tão estranhamente parecida com a que alguma vez ela havia visto no espelho.

As fotografias seriam, é claro, um dos elementos mais distintivos do caso, responsáveis de dar a ele uma merecida releitura: *El caso de las cajitas de agua* [O caso das caixinhas d'água], da artista chilena Josefina Guilisasti, exibidas em Santiago oitenta anos depois do assassinato, no verão de 2003.

Sete fotografias coloridas, de 40 × 50 centímetros, foram a base dessa instalação. As imagens estavam semicobertas por uma cortina aveludada que os espectadores podiam (ou não) abrir. E, atrás das cortinas, havia fotografias de volumes de diferentes dimensões, alguns ovais, outros alongados, todos embrulhados em papel, recobertos por um plástico transparente e acomodados dentro de caixas brancas.

A instalação de Guilisasti questionava a relação entre realidade e representação e procurava provocar, no público, múltiplos equívocos: havia caixas que pareciam mesas, pacotes que pareciam membros e fotos que pareciam tridimensionais. Um jogo de aparências que, acentuado pelo uso da cortina, disparava perguntas que ultrapassam a esfera da arte.

Ao contrário do que aconteceu durante a cobertura do crime de Rosa Faúndez, Guilisasti oculta o conteúdo dos pacotes fotografados. Faz alusão aos fragmentos corporais no nome da instalação e em sua citação ao caso criminal, mas o corpo, em sua obra, está ausente. A artista exibe uma série de objetos embrulhados em papel e em um plástico que a um só tempo ocultam e deixam entrever o interior, como a toalha de linóleo usada por Faúndez permitiu esconder o cadáver e, em seguida, revelar sua autoria. E isso não é tudo no movediço terreno da representação. Se Rosa Faúndez tinha coberto o rosto de Santander com um lenço branco para não enfrentar seu olhar e, mais tarde, se recusou a ir ao

necrotério para identificar o cadáver, na montagem de Guilisasti nem é preciso fechar os olhos. Os fragmentos são removidos da vista pública, tornando cada pacote, cada embalagem, cada ato de ocultação um sinal da presença ameaçadora de um cadáver.

Mas por que um cadáver? Essa é a pergunta-chave. Ao mostrar sem mostrar, ao sugerir sem dizer, Guilisasti convida a uma reflexão sobre aquilo que nós projetamos na imagem velada. A remoção do corpo e sua substituição por pacotes limpos e sem sangue, que também não correspondem claramente às distintas extremidades, nos lança uma pergunta incômoda: o que projetamos no interior desses pacotes não seria também outra ilusão de ótica? Outra armadilha da representação?

Guilisasti, além disso, remove o sexo do cadáver de sua exposição. E esse gesto, sobretudo à luz do protagonismo da masculinidade de Santander em 1923, é sugestivo. Por meio dos envoltórios de papel, a artista tira do campo visual um cadáver masculino e indetermina seu sexo, apontando para o problema da fetichização do cadáver feminino na arte contemporânea. A questão, agora, é o que nós, espectadores da obra, projetamos nesses pacotes — se um cadáver feminino ou masculino — e o porquê dessa errática projeção.

A série de aparências criada por Guilisasti convida, de um modo astuto e original, a refletir sobre a representação e suas armadilhas. E a referência a um assassinato cometido por uma mulher definida como masculina, uma falsa mulher, permite voltar à cena do crime com uma nova perspectiva. A obra, em seu jogo de ausências e presenças, de mostrar e cobrir, se afasta de outras produções artísticas — que teimam em disciplinar a mulher assassina — e se limita a indicar, com inteligência, a presença de outra armadilha. Aquela em que caímos quando falamos de mulheres homicidas e as encerramos em uma palavra como "ciumentas", "loucas" ou "masculinas".

Mas quem precisa falar? Por que recorrer à linguagem para retomar um crime que deixou a sociedade chilena sem palavras? Essa é a pergunta que a coreógrafa Andrea Torres Viedma se fez ao ler uma notícia que faria vir à tona de novo, do fundo do rio Mapocho, o caso de Rosa Faúndez uma última vez.

No outono de 2006, um menino da comuna de Puente Alto, ao sul de Santiago, notou que um vira-lata arrastava um pé humano de um depósito de lixo distante. Pertencia ao corpo de um rapaz de vinte anos, mais tarde identificado como Hans Pozo, e cuja morte causaria impacto no Chile do novo milênio.

Embora o assassinato tivesse sido cometido por um homem, o desmembramento do jovem Pozo levou a imprensa sensacionalista a elaborar genealogias detalhadas sobre o esquartejamento na história do país. E, na origem dessa linhagem bizarra, Rosa Faúndez reapareceu e, com ela, esse último eco cultural.

Depois de meses de pesquisa e de sessões exaustivas de ensaio, em 2008 foi lançado o espetáculo *Lecturas de un crimen en tercera persona* [Leituras de um crime em terceira pessoa], um espetáculo de dança dirigido por Torres Viedma e reencenado em várias ocasiões em diferentes lugares da capital. A proposta da coreógrafa e sua equipe era inédita: uma interpretação em chave performática de um crime perpetrado em 1923, para falar sobre as tensões sociais do presente. A obra foi baseada em um estudo da imprensa histórica, mas, agora, em vez de explorar a excepcionalidade de uma mulher assassina, a diretora decidiu trabalhar outro tipo de violência: a de classe.

Torres Viedma critica em diversas entrevistas a cobertura midiática do crime de Efraín Santander e estabelece paralelos interessantes com o registro do assassinato de Hans Pozo. Denuncia, no primeiro caso, o classismo dos jornais conservadores sobre o Sindicato dos Jornaleiros Ambulantes e aponta, com seus comentários, para a operação realizada pela mídia contemporânea ao estereotipar um rapaz viciado em pasta--base de cocaína, cujos restos mortais foram encontrados em um lixão e o crime envolveu sujeitos de um bairro qualificado como miserável, periférico e marginal. Em uma reviravolta singular, não é mais a perpetradora, a mulher assassina, que captura a atenção da coreógrafa, mas as vítimas, expulsas para as margens de dois Chiles não tão distantes entre si.

Três homens e três mulheres estão no palco desse trabalho. Os dançarinos, vestidos com calça marrom simples e camisa branca, e as bailarinas, com blusa igualmente branca e saia idêntica à que Rosa Faúndez usara quase cem anos antes. A aparição no palco é fantasmagórica. Reina uma luz tênue, semelhante ao sépia das fotografias, e se projetam sobre as paredes, das quais pendem roupas, as sombras dos seis corpos. A obra, em vários níveis, enfatizava a fragmentação. Dividida em três partes, cada uma distribui no palco dançarinos cujos movimentos nunca convergem, mas acentuam gestos fraturados, com ênfase na mobilidade de distintas partes do corpo, e não do corpo como um todo harmonioso.

As mulheres estão descalças, com cabelos soltos e um avental amarrado na cintura. E, no chão, os homens estão deitados de costas. A perna de um deles está enrolada em plástico transparente e ele não consegue mexê-la. Outro tenta ficar de pé e não é capaz. Há três Rosas Faúndez em cena, eu anoto, e volto o vídeo de novo. Já o vi muitas vezes, mas algo nele, talvez a melodia, talvez esse murmúrio que não consigo decifrar, me parece comovente. Só depois de dezenas de reproduções, quando já sei de cor cada volteio e cada salto na coreografia, descubro onde eles estão. É um palco montado na frente do Museu Nacional de Belas-Artes, ao lado do qual, apenas alguns metros mais adiante, o rio Mapocho flui lentamente.

Não há palavras nessa obra. Não há ciúmes. Não há cólera. Tampouco amor. Só aquele sussurro e aqueles corpos, aquelas mãos. Duas primeiro, depois quatro e no fim as seis mãos das mulheres que projetam aparições sombrias nas paredes. Passado um momento, elas de repente param. Nada se move no palco. Os homens permanecem caídos no chão. E elas, muito quietas, os contemplam de cima. Então se ergue um rumor, alguns tambores, um assobio muito agudo. E com um movimento brusco e coordenado as três bailarinas dão um salto e fustigam com violência suas palmas contra o chão. Depois do golpe, elas se levantam de frente para o público. As três Rosas Faúndez, perplexas, olham para a palma das mãos. Elas as examinam com atenção, receosas, como se também não pudessem acreditar no que viam. Como se também essas mulheres pensassem: então esta sou eu.

"Aproximar-se do silêncio"

MARÍA CAROLINA GEEL

MARÍA CAROLINA GEEL ESCOLHEU NAQUELA TARDE um brinco de argola, um bracelete de prata, pegou seu longo casaco bege e enfiou no bolso um maço de cigarros e o pesado revólver que tinha comprado alguns dias antes. Saiu de seu apartamento no centro de Santiago e caminhou, a passos tranquilos, até o salão de chá do hotel Crillón.

Dentro do amplo salão, entre toalhas brancas, lâmpadas em formato de lágrima e delicados conjuntos de porcelana, a aguardava o jovem Roberto Pumarino, vestido de terno e gravata. Eles tinham se conhecido havia cinco anos na Caixa de Previdência de Empregados Públicos e Jornalistas, em que Geel era a única taquígrafa e Pumarino, um homem casado que a cortejava com sorrisos e presentes. Depois de um tempo de cortejos e após a separação de Pumarino, começou entre os dois uma relação que se estenderia sem grandes sobressaltos até aquela quinta-feira, 14 de abril de 1955.

Naquela tarde, como em tantas outras, Roberto e Carolina se cumprimentam com carinho e decidem se sentar em um canto, longe da agitação do restaurante. Geel vira as costas para a barulhenta burguesia de Santiago, que se reunia habitualmente no hotel, e Pumarino se acomoda no estreito espaço entre a mesa e a parede. Eles decidem pedir o serviço completo de chá, bolos, frutas, geleias e pão, e conversam em voz baixa no meio do alvoroço de vozes e risos. Na mesa ao lado, a escritora Matilde Ladrón de Guevara finge ouvir as novidades de sua irmã Lucía enquanto examina, de rabo de olho, os reservados comensais. Reconhece Geel, também escritora, mas prefere não incomodá-la com cumprimentos. Dias depois, interrogada sobre o que vira e ouvira no hotel cheio, Ladrón de Guevara iria declarar ao perito judicial que algo no rosto de Geel a perturbou: sua fisionomia estranha, que denotava uma expressão forte, poderosa, como a de uma pessoa obcecada.

Geel, no entanto, não levantou a voz naquela tarde. Ronaldo Fuentes, o garçom da mesa, não ouviu o casal discutindo e as testemunhas não perceberam nenhum tipo de querela. Roberto Pumarino, na verdade, deve ter acreditado que sua companheira de mesa, sua amada "menina", pegaria um cigarro, talvez um lenço, na melhor das hipóteses um lápis para anotar alguma ideia, mas sem dúvida não o revólver belga calibre 6.35 que Geel tirou do bolso e apontou diretamente para o rosto dele. Ela puxou o gatilho até que o dedo na alavanca não produziu nada além de um ruído oco, vazio. Cinco balas precisas. Roberto Pumarino, de 28 anos, morreu no mesmo instante.

Depois dos disparos, entre gritos de pânico e soluços, María Carolina se levantou de sua cadeira, lívida, e contemplou em silêncio a cena do crime. Como se o disparo tivesse aberto uma fissura no tempo e no espaço, parecia não ouvir nada além de sua própria respiração. "A escritora", apontaria uma nota da revista *Vea*, "sem pronunciar uma palavra, sem mover um único músculo do rosto, como se estivesse ausente, permanecia em pé na frente do capítulo mais trágico da novela de sua vida."

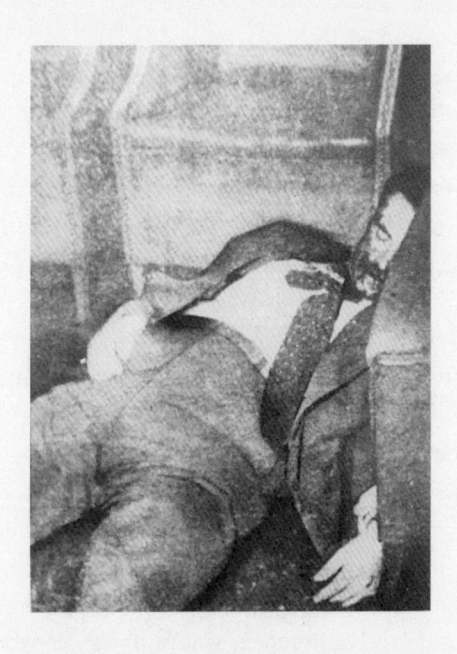

Ninguém ao redor dela saiu do lugar até que os jornalistas irromperam estrepitosamente no salão. Estavam acostumados a encontrar por ali celebridades locais e levaram apenas alguns minutos para chegar ao hotel. Com grandes câmeras e flashes, os fotógrafos capturaram o corpo ensanguentado de Roberto Pumarino: os olhos fechados, a cabeça torta, a gravata fora do lugar, os braços inertes. E também obtiveram imagens impressionantes da autora: inabalável, como se vagando sozinha através de uma paisagem longínqua. Os repórteres, por outro lado, não iriam conseguir o que queriam. Geel, ao lado do cadáver, imóvel, parecia não ouvir as perguntas e acusações. "María Carolina Geel só respondia com monossílabos entrecortados", um jornalista do *Clarín* relatou com decepção. "Não revelou o motivo preciso de seu crime", disse outro de *Las Últimas Noticias*.

A escritora foi escoltada pela polícia até um carro e logo transferida para a delegacia mais próxima. No trajeto, teria início o primeiro de muitos interrogatórios. Nome. Profissão. Estado civil. Idade. "Oitenta e oito anos, quarenta e um, cento e dezesseis", respondeu Geel com a vista cravada no vazio. E seus olhos permaneceriam assim diante da pergunta mais difícil e importante. *Por quê?* Duas sílabas que seriam repetidas durante meses e que ela, tenazmente, se recusaria a responder.

[Diário do silêncio]

Em minhas mãos, tenho a sentença judicial contra María Carolina Geel. As páginas são costuradas com fio trançado, e um defeito na máquina de escrever causa uma mancha de tinta preta cada vez que a letra L aparece. Demorei semanas para encontrar esse documento. Está em frangalhos, me avisaram. Perdido, destruído, imerso. E, no entanto, aqui está. Repasso os nomes gravados na folha de rosto do arquivo, a outra identidade de Carolina aos olhos da lei: Georgina Silva Jiménez. Mas minha ansiedade logo me trai e viro as páginas em busca de um sinal. Também eu, como os jor-

nalistas e os detetives, quero descobrir seu segredo, sua verdade. Passo a primeira página, a segunda, a terceira. E é como entrar em um quarto na penumbra, com a certeza de que há alguém ali dentro, apenas um passo mais à frente, e outro passo, e outro.

Quarenta e um anos antes daquela tarde de abril, María Carolina Geel nascera com o nome menos literário de Georgina Silva Jiménez. Caçula de seis filhos, sua infância não tinha sido fácil depois da morte precoce do pai e do colapso econômico da família. Aos quinze anos, movida pela urgência de abandonar o lar, ela já estava casada com Pedro Echeverría, seu primeiro marido, com quem teria apenas um filho — segundo ela, o casamento seria caracterizado como infeliz, e, segundo Echeverría, teria fracassado por causa de desentendimentos. Depois de se separar e anular o vínculo, Georgina tentou a vida de casada uma segunda vez. Mas passados cinco meses de convivência desastrosa, também rompeu essa nova união, deixou o anel em uma gaveta e prometeu a si mesma que nunca iria repetir o mesmo erro.

Enquanto isso, Carolina Geel escrevia incansavelmente. Antes de perpetrar o assassinato, já tinha publicado três romances e o importante ensaio "Siete escritoras chilenas", no qual examinava o trabalho de contemporâneas, como Gabriela Mistral, Marta Brunet e sua favorita, María Luisa Bombal. Também trabalhava como taquígrafa e secretária de atas e contribuía com colunas e críticas em vários suplementos literários. Ela era, ao que tudo indica, uma mulher independente e moderna, uma figura pública no campo cultural e agora, da noite para o dia, também uma assassina.

O crime do hotel Crillón, como logo foi batizado pelos jornais, teve uma cobertura midiática excepcional. Desde o primeiro momento a imprensa dedicou longas reportagens ao homicídio, mas seu amplo desdobramento fracassou na hora de obter declarações da autora. Geel não disse uma única palavra aos repórteres nem antes nem durante o julgamento, que foi muito noticiado. Essa negativa se replicou nas salas dos tribunais. Durante todo o processo penal, Carolina Geel foi interrogada por investigadores, escrivães, juízes, advogados e uma grande equipe de psicólogos e psiquiatras. E respondeu solicitamente às suas perguntas: repassou sua rotina diária como escritora, a relação com Roberto Pumarino, as causas das duas separações e até mesmo o estado precário de suas finanças. Referiu-se sem reservas a todas as áreas de sua vida, exceto uma: o assassinato. "A autora primeiro se recusou a confessar para, em seguida, dizer que não sabia por que havia cometido o delito; sempre se expressou com frases entrecortadas e de forma vaga", conclui uma das partes da sentença judicial.

O homicídio de Roberto Pumarino foi apresentado por sua autora como um mistério insondável. Diante do juiz e dos escrivães, Geel respondeu com evasivas e, às persistentes perguntas de repórteres, se negou a revelar as razões de seu ato. Mas a possibilidade de um crime sem motivo, um assassinato perpetrado por uma mulher sem que houvesse provocação, continuava sendo inimaginável para a sociedade chilena dos anos 1950. A imprensa, sem dar importância ao obstinado mutismo de Geel, tiraria suas próprias conclusões. "Matou louca de amor", foi a manchete do dia seguinte ao crime do jornal sensacionalista *Clarín*. E a revista *Vea* concluiu: "Dramático epílogo de um romance".

No espaço de algumas horas e ignorando o silêncio de Geel, todos os jornais concordaram quanto aos motivos do crime: amor, ciúme, delírio. Uma história pronta para ser contada sem a necessidade de qualquer evidência e que chegou até o presente como verdade indiscutível sobre o crime do hotel Crillón. Mesmo hoje, quando esse caso é lembrado em reportagens ou documentários, reaparecem os mesmos sentimentos. Inscritos pela força de repetição no corpo das mulheres, o ciúme e a loucura operaram com uma eficácia avassaladora na hora de oferecer uma explicação para um assassinato tão violento. Independentemente de sua linha editorial, a mídia descreveu uma mulher desesperada pelo amor de um homem, ciumenta pela presença de uma amante e instável a ponto de puxar o gatilho sem motivo. A revista *Vea*, alguns dias depois do homicídio, publicou a seguinte nota: "As coisas não acontecem só porque sim. É a época em que vivemos. As mulheres não tomam mais vinagre para fingir um desmaio diante do olhar do homem que as engana, mas empunham uma pistola automática e se vingam à bala de odiosas traições".

O texto é um fiel reflexo dos anseios dos anos 1950. Um tempo agitado e que apenas três anos antes tinha visto a primeira eleição presidencial com a participação feminina e uma acelerada incorporação a empregos anteriormente fora do alcance das mulheres. O feminismo havia dominado o debate público na década anterior, e María Carolina Geel, uma mulher trabalhadora, separada, escritora e, para completar, violenta, simbolizava os medos mais profundos daquilo que a emancipação feminina poderia gerar no país: mulheres com armas.

Nesse contexto e para explicar um ato de violência que se apresentava como inexplicável e sobre o qual sua autora se recusava a pronunciar qualquer palavra, a imprensa recorreu, como no caso de Corina Rojas, de Rosa Faúndez e de tantas mulheres contemporâneas, ao amor. Existe coisa melhor do que o amor e sua manifestação, os ciúmes, para normalizar não só a assassina, mas a mulher independente e separada que se recusava a esclarecer seu comportamento letal? Há inclusive alusões à *femme fatale* na infatigável normalização promovida pela imprensa. Lábios vermelhos, paixão, disparos e a atratividade física da escritora permitiriam projetar em Carolina Geel uma mulher fatal: a própria encarnação do medo masculino de uma sexualidade feminina fora de controle.

O juiz Aliro Veloso, no entanto, não ficou satisfeito com essa explicação. Depois de ponderar as alegações e de ler as crônicas dos jornais, exigiu novos meios de prova. Ele precisava de mais do que supostos ataques de ciúmes para condenar Georgina Silva Jiménez por um homicídio que tinha manchado de sangue os mesmos salões onde tomava chá em algumas tardes de outono. Que María Carolina Geel, modelo de mulher moderna, matasse um homem a tiros e, em seguida, se recusasse a revelar seus motivos, era simplesmente inaceitável. O juiz, a todo custo, obteria uma confissão.

[Diário do silêncio]

Tento me ater às palavras e especular o mínimo possível, mas, à medida que submerjo na sentença, vou perdendo o fio de sua voz. Tento imaginar o que Geel sentiu ao apertar o gatilho e me pergunto se eu poderia fazer algo semelhante. Inquieta, copio em meu caderno seu histórico médico. "A psicose de uma tia materna, já morta", diz em tom acusatório o juiz, "o suicídio de uma prima da mãe e a reclusão de outra prima." E o caso de Elia, sua irmã, "que sofreu de psicose e exigiu internações". Os antecedentes familiares a condenam. Mulheres estranhas, deprimidas, enclausuradas. A semente do crime já circulava em seu sangue, sugerem os advogados e parentes, mas essas especulações não me bastam. Por mais que minha lista de motivos aumente, nem uma linha da sentença me convence. Nem o desamparo nem a confusão de Geel. Temo, como nunca antes, concluir minha busca sem respostas.

Georgina Silva Jiménez declarou ao longo do julgamento que jamais planejou o assassinato, que não tinha um motivo especial para cometer o crime, que talvez pensasse em atentar contra si mesma, que em nenhum momento se desesperou, mas que sim, era verdade, se sentia muito infeliz. A própria sentença esclarece que não era possível decifrar as verdadeiras causas de seu comportamento. Por isso é tão desconcertante o primeiro parágrafo do parecer judicial. Depois de descrevê-la como uma mulher de 42 anos, solteira, escritora, sem apelido, ré primária, a sentença indica que a acusada é ré confessa. Ou seja, de acordo com a definição jurídica de uma confissão, Geel teria reconhecido, contra si mesma, a verdade sobre seu crime.

Mas, em tese, Georgina Silva Jiménez jamais confessou. Nunca revelou os motivos de sua conduta homicida. O que ela fez, pronunciando uma solitária sílaba, foi admitir. E o que admitiu foi ter perpetrado um assassinato em um lugar público, à luz do dia, com dezenas de testemunhas. A pergunta do juiz foi a seguinte: Você atirou em Roberto Pumarino? E a resposta de Carolina foi: Sim, fiz isso. Essa afirmação, embora o juiz pretendesse o contrário, embora necessitasse desesperadamente de uma causa e de um porquê, não constitui uma confissão plena porque Geel, com essas três palavras, não revela sua verdade. Uma verdade que, por mais subjetiva e frágil que pareça, foi crucial para que o juiz justificasse uma punição futura.

Caso semelhante é narrado pelo filósofo francês Michel Foucault para ilustrar a importância da confissão no processo penal moderno. Um homem acusado de cometer um assassinato vai ao tribunal para ouvir sua condenação. Como Geel, *admite* ser o autor do crime de homicídio e comparece à audiência para ser informado de sua pena. Mas os juízes exigem mais do que essa admissão: querem que o acusado revele seus motivos. Eles o interrogam, levantam a voz, se exasperam, mas não conseguem dele mais do que um teimoso silêncio. E esse mutismo, tão semelhante ao de Geel, perturba o tribunal. "Por quê?", pergunta Foucault. "É porque o sujeito guarda silêncio sobre os fatos, sobre as circunstâncias, sobre as causas imediatas do crime?" "Não", responde. "O acusado evita uma pergunta que é essencial para a corte moderna: Quem é você?"

A resposta a essa pergunta, aparentemente tão simples, era também fundamental no caso de Geel. O juiz, para ditar sua sentença, precisava traçar uma conexão psicológica entre a autora e o homicídio. No tribunal moderno, explica Foucault, não é apenas o ato delituoso que é julgado, mas também o sujeito criminal. E é necessário que esse sujeito revele seus motivos, que expresse a intenção de se arrepender e reconheça assim a validade da lei que irá puni-lo. Quem confessa não só admite ter cometido um delito, mas endossa sua própria condenação. A pessoa se autocastiga, segundo Foucault, e por isso reafirma a legitimidade de todo o aparato punitivo. Geel, ao contrário, resiste a essa confissão plena. Sua indefinição e seu silêncio impedem que ela seja conectada psicologicamente ao assassinato de Pumarino, eludem o arrependimento e implicam, por consequência, não reconhecer a lei punitiva. O juiz, ao interrogá-la, não é capaz de responder à pergunta fundamental: "Quem é você, quem é Georgina Silva Jiménez, quem é María Carolina Geel?".

Se a essa resistência acrescentarmos o perfil particular da vítima, o jovem Roberto Pumarino, a transgressão de Geel se aprofunda ainda mais. Geel assassinou no hotel Crillón um homem de 28 anos, de classe média, recém-viúvo, funcionário da Caixa de Previdência de Empregados Públicos e Jornalistas e pai de um menino de seis anos. As testemunhas, durante o julgamento, não hesitam em descrever Pumarino como "um empregado eficiente e trabalhador", "um homem de costumes corretos" e "um companheiro excepcional". Tal como ocorrera com David Díaz Muñoz no caso de Corina Rojas e com Efraín Santander no de Rosa Faúndez, Roberto Pumarino é classificado como um homem correto e confiável, um bom trabalhador e pai exemplar, em relação direta com uma figura-chave no sistema legal chileno e em boa parte dos sistemas legais do mundo: o bom pai de família, decente e sensato por definição.

Trata-se de um modelo de conduta supostamente universal e exequível a todos os habitantes da República, sejam homens ou mulheres, com ou sem filhos. Diante de um caso qualquer, o juiz tem a obrigação de avaliar os comportamentos que contrariem esse ideal formulando a seguinte pergunta: "Como teria agido um bom pai de família?". No caso do hotel Crillón, parece ser essa figura, "o melhor funcionário da Caixa", "fiel cumpridor de suas obrigações", que acaba sendo baleado por uma mulher. E que María Carolina Geel, opositora manifesta do casamento, matasse a tiros o "bom pai de família" e depois se recusasse a revelar seus motivos era uma insubordinação imperdoável. Assim, diante do fracasso da confissão e da urgência para obter uma explicação sobre o assassinato, o juiz Aliro Veloso recorreria a outro campo: a psiquiatria.

[Diário do silêncio]

Nas letras datilografadas da sentença judicial encontro declarações de Adriana Silva, irmã de Carolina Geel. Ela carinhosamente se refere ao caráter "suave e doce" de Georgina, embora reconheça que "ela se mostrava desiludida com a vida". Georgina lhe dissera que estava sem dormir havia semanas e por um longo tempo esteve "com as duas mãos cerradas". Por mais que tentasse, Carolina não conseguia desenroscar os dedos. Suas unhas se cravavam nas palmas, os nós dos dedos cada vez mais lívidos, as veias no dorso prestes a estourar. "Desesperava-se com a ideia de que poderia ficar assim", adverte Adriana, e eu percebo que tenho lido sentada na ponta da cadeira e com os dedos contraídos. São infinitas as maneiras de ocultar o desespero.

Georgina Silva Jiménez foi submetida a dezenas de estudos médico-psicológicos ao longo do julgamento. A própria escritora, meses mais tarde, descreveria esse momento com lucidez impactante: "exames que pretendiam localizar a origem do meu ato", ela anotaria. Intermináveis sessões de entrevistas e testes a deixavam abatida e só geravam mais incerteza. Depois de ouvi-la e de debater as mais excêntricas teorias, os especialistas nunca chegavam a uma conclusão unânime.

O perito do Instituto Médico Legal, Francisco Beca, fiel admirador de Sigmund Freud, observou que Georgina Silva Jiménez apresentava um caso claro de "personalidade histérico-depressiva". Identificou nela uma "forte impulsividade instintiva, sobrecarga agressiva, explosividade, controle diminuído de seus impulsos e tendência a se rebelar contra as normas estabelecidas", e concluiu que, sem dúvida, se tratava de uma mulher inimputável. O dr. Claudio Molina discordou desse relatório e ressaltou, em um breve diagnóstico, que o homicídio era "psicologicamente imputável à ré" e que ele não enxergava "qualquer traço de loucura ou insanidade". E o dr. Hugo Montiel insistiu em incriminar os hormônios da escritora e concluiu que Geel estava rondando a menopausa e que isso determinara "a incapacidade de frear suas reações instintivo-impulsivas dos mecanismos superiores córtico-inibidores".

Cada nova intervenção recorre a uma linguagem mais hermética, a termos técnicos que impedem qualquer possibilidade de entender o crime. A causa do assassinato, escrupulosamente ocultada por Silva Jiménez, é investigada agora em seus traços físicos, em seus hormônios, em seus instintos ou em malogradas reações químicas. Depois da confissão fracassada, o juiz Aliro Veloso busca no corpo o que foi negado pela palavra.

A imprensa identificou essa virada judicial e nela percebeu uma fonte de atrito entre médicos e advogados. "A jurisprudência se combina com a ciência da psiquiatria moderna, em uma sentença que, sem dúvida, dará motivo para comentários opostos nos círculos judiciário e forense", informou com entusiasmo um repórter do *Clarín*. Mas o promotor, Benjamín Montero, se mostrou menos otimista e denunciou publicamente o perigoso poder que os médicos tinham adquirido: "Eles estão escrevendo a sentença", alertou irritado para os jornalistas.

O julgamento de Silva Jiménez não seria o primeiro a provocar tensões entre dois campos de conhecimento focados em definições, diagnósticos e exercício de poder. No fim de sua conferência no Collège de France, Foucault empreende uma revisão do vínculo entre o direito e a psiquiatria em busca do exato momento em que esta última invadiu os tribunais. E sua descoberta é reveladora não só para este caso, mas também para examinar as profundas raízes da problemática associação entre mulheres, loucura e maldade.

Para Foucault, a psiquiatria teria entrado nos tribunais franceses em um punhado de casos ocorridos no século 19. Assassinatos que, por suas características, foram considerados em sua época atentados não apenas contra a lei penal, mas também contra as leis da natureza. Estrangulamentos, esquartejamentos e outros homicídios perpetrados em sua maioria contra crianças por infratores primários, com poucas probabilidades de reincidência, e que teriam levado a medicina a proclamar alto e bom som a existência de uma nova enfermidade: a patologia do monstro. O que mais impressiona nesses casos, segundo Foucault, são a violência e as vítimas, porém o próprio filósofo não dedica maior reflexão a um aspecto ainda mais excepcional: a proliferação de mulheres criminosas. O sexo do monstro, curiosamente, era feminino. A psiquiatria teria ingressado nos tribunais franceses em casos emblemáticos de mulheres homicidas.

Ao examinar Geel e nela detectar diferentes manifestações e graus de demência, a psiquiatria deu suporte à operação realizada pela imprensa, que já havia qualificado a autora como louca de amor e seu crime como monstruoso. Com os resultados dos exames em mãos, um coro harmonioso de jornalistas e médicos garantiu ao público chileno que a angústia poderia ser deixada de lado. A assassina do hotel Crillón não era uma mulher *normal* — portanto, não havia razão para temer todas as mulheres. Geel, de acordo com esse relato poderoso, não agiu em seu juízo perfeito ou não queria agir como agiu. O vínculo entre feminilidade e perigo foi estrategicamente atacado graças à irrupção da loucura. Mas essa conveniente separação não serviria apenas para aplacar a ansiedade dos leitores. Qual argumento melhor do que um desequilíbrio mental para que o advogado de Geel pedisse sua libertação imediata?

Malaquías Concha, célebre político e defensor de Silva Jiménez, tinha em suas mãos um total de seis diagnósticos médicos. Dois decretavam a loucura de Geel, dois se mostravam indecisos e dois afirmavam sua imputabilidade. E o advogado escolhe, sem hesitação, os dois relatórios mais convenientes para sua causa. Em uma defesa apaixonada, Concha argumenta que naquela tarde sua representada agira totalmente privada de razão. Afirma que essa loucura se manifestara muito antes do crime, com depressão e intenções suicidas, e apresenta como evidência os diários íntimos de Carolina Geel, hoje arquivados na Biblioteca Nacional do Chile. Como esse argumento não se mostra convincente, o advogado alega, sem se incomodar com a própria contradição, que Geel não era louca antes, mas que cometera o crime movida por uma força irresistível e transitória: um surto. E, a fim de explicar o gatilho para esse surto, Concha recorre à fonte inesgotável de qualquer explicação sobre o crime feminino: o amor e os ciúmes. Embora o próprio irmão de Pumarino declarasse no julgamento que "ela queria deixá-lo e ele ia atrás dela" e que vários companheiros de trabalho confirmassem que "ela rejeitou a oferta de casamento de Pumarino" e que "a rejeição dela causou a ele uma dolorosa impressão", não foi difícil para o advogado assegurar que a despeitada era Geel. Malaquías Concha inventa uma história sem fundamento, mas com raízes profundas no imaginário coletivo, e assinala que o ponto de partida demencial tinha sido produzido quando Pumarino dissera a Geel que queria se casar com outra mulher. Ele não apresenta provas sobre esse ponto porque a evidência era desnecessária. A imprensa já tinha feito um trabalho impecável repetindo uma série de arquétipos femininos: a mulher louca, a mulher ciumenta, a *femme fatale*. O defensor, talvez contra a vontade de sua representada, tira vantagem de outro dos "truques dos fracos" e usa a histeria e a paixão para evitar a punição. E sua estratégia, pelo menos em princípio, é bem-sucedida.

O julgamento em primeira instância aceitou a hipótese de um surto de caráter passional. O juiz assinalou que "a anormalidade de caráter da ré e sua personalidade psicopata influenciaram sua vontade de cometer o crime e, por isso, a responsabilidade parece atenuada". De acordo com a sentença, fora um momento transitório de loucura, então o ato foi qualificado como um homicídio simples com dois atenuantes. Essa qualificação possibilitou condenar Georgina Silva Jiménez a apenas 541 dias de confinamento em penitenciária feminina. O juiz, além disso, descartou o agravante de uso indevido de armas de fogo devido ao sexo da acusada e afirmou que uma mulher, mesmo uma mulher armada, não poderia, "por seu sexo e força, estar em vantagem em relação ao homem".

A reação da imprensa a essa condenação insignificante não demorou muito a chegar. "Carolina Geel se safou", imprimiu o *Clarín* em sua robusta seção policial, e para garantir a seus leitores que o assassinato não tinha sido cometido por uma mulher comum, terminou com a seguinte conclusão: "A ré é anormal".

Visivelmente contrariado, o promotor entrou com um recurso de apelação. E o Tribunal de Alçada, sujeito a crescentes pressões devido à publicidade do caso e à sentença risível, foi forçado a reavaliar a primeira sentença. Os ministros da Corte de Apelação de Santiago ordenaram a realização de novos exames, mas estes, mais uma vez, não foram conclusivos. O direito tinha chegado a seu limite, assim como a psiquiatria. Então, em uma reviravolta inesperada e que faria desse julgamento um caso praticamente único no mundo, os juízes recorreram a um novo domínio: a literatura.

[Diário do silêncio]

Conto o número de vezes em que aparece a palavra "anormal". Pedro Echeverría, ex-marido de Geel, disse ao juiz que a vocação artística e a inquietação de Carolina poderiam ser consideradas anormais, e a sentença adicionou a uma longa lista de esquisitices sua falta de objetivo, seu pessimismo e seu desprezo pelo casamento. Eu a imagino em uma sala sem janelas, diante de um médico que a examina e lhe pergunta: "O que vê na folha, sra. Georgina?". Ela certamente odiava ser chamada de Georgina. Detestava seu verdadeiro nome e seus dois sobrenomes e também odiava os médicos e aquela mancha tão semelhante a uma mariposa, a um morcego, a um poço escuro cheio de sangue. O parecer judicial não revela o que Carolina Geel viu no teste de Rorschach, mas cita seu resultado: "Uma inteligência superior".

Enquanto estava reclusa na penitenciária El Buen Pastor, María Carolina Geel se dedicou ao que sabia fazer melhor: escrever. E escreveu até completar o manuscrito de um livro que intitulou, sem um pingo de sarcasmo, *Cárcel de mujeres* [Prisão de mulheres]. A pergunta que deve ter passado em sua mente, com o rascunho concluído sobre a mesa, era a seguinte: publicá-lo ou não?

Depois de uma primeira condenação quase trivial e com amplas possibilidades de ser liberada por boa conduta, promotor e defensor se encontram finalmente diante da Corte de Apelação. O advogado de Geel parece confiante: "Ela será absolvida!", declara aos ávidos repórteres. E sua confiança parece justificada. A Corte com frequência confirma as sentenças de primeira instância; portanto, se tudo seguir o curso habitual, Geel deve deixar a prisão em apenas três meses.

Mas nada nesse caso seguiria o caminho esperado. Naquele momento de otimismo, prestes a andar mais uma vez pelas ruas de Santiago, Geel resolve publicar na prestigiosa editora Zig--Zag a primeira edição de *Cárcel de mujeres*, uma obra escrita na prisão por uma mulher cuja sanidade estava sendo questionada.

O promotor, depois de ler e reler o livro, resolve ampliar suas acusações. A obra *Cárcel de mujeres*, aponta Benjamín Montero, manifesta a premeditação de Geel, que com uma ânsia exibicionista matou Pumarino *para* escrever seu livro e ganhar a notoriedade que jamais tinha alcançado. "Muitas vezes vemos jovens existencialistas discípulos de Jean-Paul Sartre que chegam sujos e com a barba arrastando no chão a um lugar público. Outras vezes, Ilustríssimo Senhor, vemos escritores, como é o caso de María Carolina Geel, que nunca conseguiram brilhar no firmamento literário e que, para aumentar sua pequena estátua, lançam mão de chapéus. Isso não é exibicionismo?", alega o advogado de forma provocativa.

O jornal *Clarín* se curva a essa posição. "*Cárcel de mujeres* a delata" é a manchete, subscrevendo a teoria de que o macabro objetivo de Geel era a popularidade, e que não se tratou de um episódio de loucura. Benjamín Montero até ironizou sobre a suposta doença psiquiátrica de Silva Jiménez: "O transtorno mental da ré durou muito pouco, pois, passados quatro dias do crime, já começou a escrever seu livro *Cárcel de mujeres*, que lhe rendeu bastante dinheiro, que eu saiba".

O que chama atenção, nessa declaração, não é tanto o tom de zombaria, e sim a referência temporal: o quarto dia. Uma temporalidade que jamais é mencionada pela imprensa e que não faz parte das declarações feitas por Geel no processo. Trata-se, na verdade, de uma referência à narradora de *Cárcel de mujeres*. Em suas alegações e declarações, Benjamín Montero não hesita em confundir as vozes da autora e da narradora do livro, atribuindo ao texto literário o caráter de confissão que não tinha sido possível obter nos tribunais de justiça.

Malaquías Concha, por outro lado, se vê forçado a dar uma volta em seus argumentos. "Minha ré não é louca. Nunca foi e eu jamais disse o contrário", esclarece aos céticos jornalistas. "Sempre afirmei que, no momento de puxar o gatilho de seu revólver, agiu privada da razão." Concha é obrigado a apresentar a loucura de Geel como um surto e recorre ao amor para explicá-lo. Ele lembra que María Carolina era "uma mulher infeliz que vivia os momentos mais amargos de sua vida" e, diante dos magistrados atentos, pergunta: "Pode uma mulher eliminar o que ela adora?". Mas, além de abandonar sua tese de uma condição psiquiátrica de longa data, o advogado correu um risco ainda maior e decidiu entregar um exemplar de *Cárcel de mujeres* para o tribunal. O livro, editado pela Zig-Zag em 1956, entraria no processo judicial, em cujas páginas a numeração editorial é substituída pela das folhas do processo. A literatura se transforma, assim, em evidência judicial.

É possível que nem Geel nem Malaquías Concha tivessem previsto esse cenário? Não é estranho que o prestigiado defensor, diante de uma sentença promissora, não tivesse aconselhado a autora a adiar a publicação até que estivesse livre? Só cabem conjecturas sobre as razões para publicar *Cárcel de mujeres* em um momento tão peculiar. Talvez Georgina Silva Jiménez não tolerasse a estratégia de seu advogado. Talvez tenha visto na defesa, fundada em uma suposta instabilidade mental, uma ameaça à sua carreira literária. Ou quem sabe tenha se sentido protegida por um precedente que ainda ressoava em sua cabeça: o crime perpetrado por sua admirada María Luisa Bombal, que terminara com uma absolvição rápida.

Apenas catorze anos antes, no verão de 1941, María Luisa Bombal atirara à queima-roupa naquele que havia sido seu amor de juventude, Eulogio Sánchez, deixando-o gravemente ferido. Enquanto esperava pelo veredicto, dezenas de cartas de apoio provenientes de escritoras e escritores chegaram ao tribunal, como anos depois aconteceria com a própria Carolina Geel. Mas as coincidências entre esses casos excedem a profissão de ambas as mulheres, os disparos e as redes literárias. Bombal atirara em Eulogio Sánchez nada menos que nas portas do hotel Crillón, manchando de sangue as escadas que anos depois Carolina Geel iria subir para assassinar Roberto Pumarino e inaugurando, sem saber, uma genealogia sangrenta na qual ambas as mulheres se encontrariam. Um encontro de Carolina Geel *com* Bombal e *para* Bombal, em que ela e uma de suas autoras favoritas se reúnem e atuam no mesmo cenário.

Como revela uma crônica da escritora Alejandra Costamagna, a hipótese de um *encontro* literário e criminal não é um disparate completo. "As protagonistas das obras de Geel e Bombal pareciam brotar das mesmas trevas", aponta Costamagna, que, a partir de uma releitura das obras de ambas, traça semelhanças entre duas escritoras da mesma idade, igualmente pálidas, de lábios vermelhos, cabelos escuros e fãs de tiros. Não é insensato afirmar inclusive que, ao assassinar Pumarino, María Carolina Geel reescreve o ato de Bombal e consuma um ato frustrado anteriormente. Ou que se tratou de um crime por imitação, um assassinato em que uma mulher copia e repete, como homenagem e apropriação, o delito perpetrado por outra. Talvez María Carolina Geel se sentisse protegida pela sentença que libertou Bombal depois de declará-la inimputável e descrevê-la como "despeitada e mergulhada na depressão". Quem sabe pensasse que escrever e publicar um livro iria uni-las para sempre.

Sem me aventurar em maiores suposições sobre os motivos de Geel e sua obsessão por Bombal, ouso expor aqui uma conjectura sobre o momento escolhido para lançar o livro. A meu

María Carolina Geel | María Luisa Bombal

ver, Georgina Silva Jiménez estava perfeitamente ciente do que a publicação causaria. Tendo perdido o controle depois de ser presa pela polícia e, em seguida, depois de ser retratada como uma mulher anormal, e tendo perdido o domínio de seu corpo por estar sob a tutela do Estado e sob escrutínio médico constante, Geel, atrás das grades, publica *Cárcel de mujeres* para recuperar o poder sobre o relato e reivindicar sua dupla autoria: literária e criminal.

Nos conservadores anos 1950, ser mulher e escritora ainda gerava resistência no círculo literário fechado de escritores e editores chilenos. Gabriela Mistral precisou receber o prêmio Nobel antes de ser reconhecida no Chile com o prêmio Nacional, e a própria Bombal teve de conseguir editores em Buenos Aires para que seus livros circulassem em Santiago. Muito antes e em outros lugares, no caminho pedregoso da publicação, as escritoras tiveram de recorrer a sofisticadas manobras para ver seus textos impressos. Charlotte Brontë precisou assinar como Currer Bell, Mary Ann Evans como George Eliot, e Amandine Dupin como George Sand. Por décadas, escritoras e intelectuais esconderam sua feminilidade atrás de breves iniciais, anônimos misteriosos e pseudônimos masculinos para conquistar sua ansiada autoria. E algo muito semelhante acontece com a autoria criminal.

O problema de empunhar o lápis não está tão longe do de puxar o gatilho. Encobrir a própria feminilidade para conquistar a autoria literária tem uma correlação no campo do crime feminino, em que a autoria delituosa só se torna plausível a partir de um questionamento estratégico, e até mesmo uma negação, da feminilidade de sua autora: monstruosa, masculina ou anormal. María Carolina Geel, de acordo com o relato pernicioso de jornalistas e psiquiatras, devia deixar de ser mulher, ou pelo menos uma mulher *normal*, para se converter em assassina. E, para alguém que tinha lutado para se tornar escritora c construir um nome na literatura, esse era o pior dos castigos. A publicação de *Cárcel de mujeres* em um momento tão crítico e potencialmente prejudicial parece então menos fortuita. Permite que María Carolina Geel resista a esse relato de anormalidade, semeando a possibilidade de um ato cometido por uma mulher violenta e responsável por seus atos: a autora de um homicídio e do livro *Cárcel de mujeres*.

[Diário do silêncio]

A essa altura, conheço muito bem a sensação. Para me aproximar dos mortos, preciso violar esses mausoléus cheios de objetos e papéis. Abandono a sentença judicial e me dirijo ao arquivo no qual se conservam os diários e os manuscritos dos escritores chilenos. Sobre minha mesa se acumulam folhas soltas e cadernos com as páginas arrancadas. Geel afirma ter destruído mais de mil folhas de seus diários, então esses parágrafos são apenas resíduos: frases incompletas e traduções de seus versos preferidos que eu, ansiosamente, revolvo em busca de uma verdade. Abro aleatoriamente um caderno envelhecido, e uma entrada, do ano de 1988, com outra caneta e outra letra, desperta em mim uma mescla de temor e inquietação. É um presságio, penso, e o copio em meu caderno letra por letra: *"En cherchant la verité, il est tombé dans le puits quit la contenait"*. Em busca da verdade, caiu no poço que a continha.

Cárcel de mujeres foi admitido pelo tribunal de alçada como evidência. E os magistrados, dessa vez, investigaram não só o perfil médico e psiquiátrico de Georgina Silva Jiménez, mas acima de tudo o perfil literário de María Carolina Geel.

Em um longo parágrafo sobre a personalidade da acusada, os juízes insistiram em sua raridade e citaram como prova dessa anormalidade os dois casamentos fracassados, as mudanças constantes de casa, a depressão, a perplexidade, a falta de rumo, o desprezo pela organização social, os relatórios de especialistas e "a interpretação feita pelos psiquiatras dos personagens de suas obras literárias através de seus problemas sexuais e emocionais". A Corte de Apelação de Santiago, em uma estratégia sem precedentes, ponderava com o mesmo valor eventos da vida de Silva Jiménez e a sexualidade de seus personagens fictícios, interpretados pelos mesmos psiquiatras que dias antes haviam examinado as pupilas e a pressão arterial da escritora esquiva.

A Corte, aliás, refere-se com suspeita ao hábito de leitura de Geel. "Georgina Silva Jiménez se dedicou à leitura quando ocorreu sua decadência econômica", ressalta a sentença de forma acusatória, "e ao mergulhar nos livros foi vítima de uma evidente egolatria." Tal como acontecera com Corina Rojas e seu amor pelo cinema, ou com Emma Bovary e sua apaixonada relação com os romances, a autora de *Cárcel de mujeres* é patologizada por sua participação solitária em um ato muitas vezes subversivo: a leitura.

O procedimento contra Geel se converteria, depois da publicação de *Cárcel de mujeres*, no mais literário dos julgamentos da história do Chile. Sob a tribuna desfilariam vários escritores e intelectuais, dentre eles o vencedor do prêmio Nacional de Literatura, José Santos González Vera, e uma das líderes feministas de maior renome do país, Amanda Labarca. Ambos se declararam "em favor da honra da ré e de sua correção de procederes" e falaram sobre "sua vida angustiada e cheia de sofrimentos e seu trabalho literário como escritora". Mas o livro teria mais peso do que todas as testemunhas e seria determinante para a sentença.

Cárcel de mujeres é uma obra singular quando comparada aos diários e testemunhos típicos da literatura escrita na prisão. Autobiografia, ensaio, romance, diário íntimo — nenhum gênero parece capturar o texto singular de Geel. Um hibridismo que não afetou o sucesso comercial do livro, esgotado quatro vezes durante seu primeiro ano de circulação e tema obrigatório dentro e fora das fofocas dos círculos literários.

Em sua primeira edição, *Cárcel de mujeres* recebeu um prólogo do crítico literário Hernán Díaz Arrieta, conhecido sob o pseudônimo Alone, nome de protagonismo em todo o julgamento contra Geel. Alone publicou uma férrea defesa da autora nos jornais, declarou-se a seu favor durante o processo e interveio para conseguir sua libertação. Mas nem tudo era generosidade do crítico literário. Em seu texto, Díaz Arrieta se autodesignou padrinho de Geel e conseguiu que se falasse, até hoje, de um livro escrito por sugestão de Alone. Em uma carta enviada para a prisão e que ele mesmo se encarregaria de citar, Alone diz a Carolina: "Escreva, conte, diga simplesmente tudo o que sabe, pois, ainda que se trate de si mesma, você não sabe tudo".

Não são mais os jornalistas ou os advogados que desejam ser repositórios da confissão esquiva, mas o crítico intrometido. De acordo com o prologuista, *Cárcel de mujeres* deve sua existência a ele: um homem que ofereceu sua ajuda inestimável a uma mulher dominada por uma "resignação inerte, silenciosa, expiatória". O crítico tenta relativizar e até mesmo arrebatar a autoria de Geel. "Podemos dizer que a autora escreveu levada pelas mãos, de olhos fechados", diz ele. "Foi preciso um trabalho quase de hipnose para que ela se deixasse levar e que este breve livro [...] se salvasse." Mas o prólogo é mais do que um convite inocente para escrever. Alone concebe a escrita como redenção e quer obter o desejado arrependimento. "Declare sua verdade", ele ordena, "ela vai servir para que você mesma explique seu caso."

Mas María Carolina Geel, a essa altura, já era uma verdadeira especialista em evitar exigências confessionais. E, diante do crítico literário mais célebre da época, não apenas não confessa, mas, e este é meu palpite, utiliza Alone para se reincorporar ao seu mundo: o literário.

Depois de meses de processo judicial e desavenças em que ela havia sido retratada como instável e egocêntrica, uma mulher louca e ambiciosa a ponto de assassinar para vender seus livros, a autora explora o nome de Díaz Arrieta para recuperar o terreno perdido na literatura. Da prisão, Geel publica um livro respaldado por um crítico proeminente e escapa com sucesso tanto das demandas confessionais dele quanto das exigências de redenção. E, decepcionando as expectativas dos leitores, concentra-se em narrar histórias carcerárias em vez de mencionar o que juízes, advogados, críticos e cidadãos esperavam: o assassinato.

A protagonista e narradora de *Cárcel de mujeres* se encontra reclusa em El Pensionado, uma área reservada a detentas que puderam pagar sua própria cela localizada no segundo andar de uma prisão mantida sob administração religiosa durante a maior parte do século 20. De lá, debruçada em uma pequena janela, observa, ouve e anota. Em um texto caracterizado pela ambiguidade, Geel evita a posição subordinada própria da vida no cárcere para assumir, por meio da protagonista, a vigilância da prisão e adotar, como assinala a escritora Diamela Eltit, uma posição panóptica.

As condenadas retratadas em *Cárcel de mujeres* são inspecionadas pelo olho implacável de uma narradora que exibe todos os seus privilégios para desprezar e, em seguida, admirar as prisioneiras mais pobres, descrevendo-as como ignorantes e belas, selvagens e joviais. "Enguias vorazes", diz primeiro para depois apresentar "uma risada igualmente bonita e plebeia". Ela, a protagonista sem nome, identificada com a própria Geel, usurpa o papel de vigilante para julgar as companheiras e reafirmar sua superioridade. Ou, parafraseando a filósofa Julia Kristeva, contamina as outras para manter assim sua pureza.

Semanas antes do recurso de apelação que seria pronunciado sobre sua personalidade e a premeditação do crime, cada ausência e cada silêncio ressoam de outro modo. "Quem vai entender que esse saber que ia acontecer era ao mesmo tempo cego, sem saber!", escreve Geel de forma confusa, aludindo em seguida à rivalidade, ao azar, à semelhança da vítima com seu irmão morto e mesmo a seus próprios desejos suicidas como motivos para o assassinato. "Fatos que parecem se formar e se deformar", diz ela, "perguntas que resvalam no nada." Sua concentração nos ruídos também desperta interesse. "Murmúrio de vozes, prolongado, denso e surdo", "cacofonia zumbida e doente", "gritaria que crescia em ondas", escreve a autora, como se o barulho incessante da prisão servisse para encobrir o som dos tiros ensurdecedores.

[Diário do silêncio]

Roberto Pumarino pediu María Carolina Geel em casamento. Assim diz o diário íntimo de Geel e confirmam os colegas de trabalho de Pumarino. Ele disse que a amava, que tinha enviuvado e que seu filhinho de seis anos precisava de uma nova mãe. Como prova de suas intenções, enviou a Carolina dois presentes: um aspirador de pó e uma panela de pressão. Imagino Geel na cozinha de sua casa, diante dos dois pacotes desembrulhados. E quase posso vê-la andando até a mesa, escrevendo a recusa que eu agora leio no processo: "minha natureza, meu caráter, meus passatempos, minha idade, minha experiência são contrárias ao casamento", escreveu com um traço furioso e apressado enquanto na cozinha e em sua cabeça estourava o chiado da panela de pressão.

Cárcel de mujeres é um livro irremediavelmente contaminado pelo direito. E relê-lo sessenta anos depois de sua publicação e ao lado da sentença judicial permite lançar outra luz sobre suas páginas. As elipses e digressões são dispostas com astúcia para impedir a cooptação por parte de juízes e advogados. Geel, ao que parece, queria que seu livro interviesse no processo ou pelo menos previu que isso poderia acontecer e tomou as precauções necessárias. Trata-se, claramente, de uma escritora que quer recuperar o controle, que torce e silencia, dentro e fora do julgamento, quando o gesto de elucidar e dizer poderia levá-la ao fuzilamento.

María Carolina Geel sabia muito bem o poder letal das palavras. No entanto, por mais calculada que possa parecer a publicação de *Cárcel de mujeres*, nem sequer ela dimensionou que seu livro lhe causaria problemas por outra transgressão, tão indescritível quanto o assassinato e que iniciaria um julgamento paralelo nas páginas dos jornais: o lesbianismo de suas protagonistas e sua própria orientação sexual.

Outras obras de Carolina Geel, como *El mundo dormido de Yenia* [O mundo adormecido de Yenia] (1946) e *Extraño estío* [Raro verão] (1947), já lhe haviam rendido o apelido de escritora *rara*, que abordava "uma temática imprópria para a mulher". E a publicação de *Cárcel para mujeres* aprofundaria essas impressões. Em várias passagens do livro, a autora descreve detentas que expressam desejo por outras mulheres e até sugere, depois de narrar um confuso encontro sexual entre duas prisioneiras, que a narradora se torna parte desse desejo: "minha respiração tinha algum anseio", diz ela. Sem mencionar a palavra "lesbianidade", Geel alude abertamente à homossexualidade feminina, despertando uma reação virulenta no país e uma reviravolta radical na cobertura de seu caso.

A partir da publicação de *Cárcel de mujeres*, o debate sobre *a verdade* do que aconteceu no hotel Crillón, ou seja, sobre os motivos de Geel para assassinar Roberto Pumarino, deslocou para *a verdade* sobre o relato literário: a presença de lésbicas na prisão e a eventual lesbianidade da autora. "María Carolina denuncia amores lesbiânticos [sic] entre as reclusas com a aquiescência de suas guardiãs", afirma o *Clarín* em uma matéria que revela a incapacidade de nomear uma conduta que não deve ser nomeada e que, de fato, era invisível também nos códigos. Se em 1955 a homossexualidade masculina era ilegal devido à vigência do crime de sodomia, nenhum artigo ou regulamento se referia abertamente à lesbianidade, o que na prática se traduzia em um vácuo legal. Inconcebível, impronunciável e causadora de erros de grafia, a homossexualidade feminina estava fora da lei, fora da linguagem e, por longo tempo, fora da literatura. E *Cárcel de mujeres* romperia com essas múltiplas exclusões.

A Casa Correcional Buen Pastor era administrada por freiras católicas que, depois da publicação, negaram de forma categórica que *tais atos* ocorriam na prisão. "*Cárcel de mujeres* desencadeou a ira das religiosas chilenas, que declararam um boicote aberto a esse livro germinado durante a prisão da autora", publicou o *Clarín*. As presidiárias, por sua vez, também desmentiram o conteúdo do livro. "María Carolina mentiu", publica-se em um jornal, "ela não conhece nossos 'segredos'." O periódico acrescenta uma declaração da detenta María Ávila, batizada no livro como María Patas Verdes e que em uma triste escalada de denúncias lança um ponto de interrogação sobre a sexualidade da autora: "Essa poeta é uma desiludida com os homens", diz ela. "Acho que ela é anormal, não nós."

Depois da publicação do livro e com a reação virulenta de freiras e condenadas como constante ruído de fundo, a imagem de Geel enfim desmorona. Tratava-se de uma escritora vítima de um ato intempestivo ou de uma assassina egocêntrica? De uma romancista incompreendida ou de uma lésbica descontrolada? Depois de prestigiada e conhecida, Geel passa a ser qualificada pelos repórteres como exótica, enigmática e agressiva, além de "escritora de livros de sucesso bastante relativo", "que nunca alcançou a notoriedade que esperava".

Diante desse verdadeiro descalabro midiático, com iminentes repercussões jurídicas, Malaquías Concha sai em defesa não só da integridade moral de sua representada, mas da veracidade do livro. Sem um pingo de hesitação, Concha declara aos jornais: "O que María Carolina Geel diz no livro é verdade: eu autorizei a publicação". E a *verdade* para o advogado não tinha mais nada a ver com os motivos do crime, mas com o fato de que as presas tinham relações sexuais entre elas e de que as religiosas não faziam nada a esse respeito.

Nesse momento, talvez o mais tenso de todo o processo, Geel decide quebrar seu silêncio pela segunda vez. Já tinha feito isso publicando o livro e agora envia da prisão uma carta inesperada para a mídia:

Santiago, 23 de março de 1956.

Sr. Diretor: devo fazer um parêntese ao absoluto silêncio mantido até agora sobre a publicidade que se faz em torno da minha pessoa [...] devido a uma crônica que apareceu em uma revista sobre um livro meu intitulado *Cárcel de mujeres* [...] Muito barulho se faz aqui de um mero fato humano que é produto de uma época, de um ambiente e, acima de tudo, de causas biológicas alheias a qualquer controle que não seja o da ciência, e que portanto escapa dos esforços e do rigoroso regulamento que as religiosas possam implantar. As anomalias que eu pude observar entre as presas, e que são uma mera expressão da infinita natureza humana, não afetam de forma alguma a ordem e a mais severa vigilância imposta pelas madres. E mais, tenho plena convicção de que tais anomalias, sem a influência moral dessas freiras, ou seja, sob uma administração laica, teriam proporções enormemente mais alarmantes. Agradeço desde já sua recepção e cumprimento-o com toda a atenção.

María Carolina Geel.

A carta, de natureza explicativa, só admite reações. Ela, a dupla autora, escolhe quando e onde falar. Sua estratégia consiste em recuperar o controle se apresentando como uma mulher com uma clara posição sobre a polêmica causada por seu livro. Não parece ser a prosa de uma pessoa "anormal", como a descreveu seu advogado, que a essas alturas devia estar prestes a desistir de representá-la, sobretudo devido à data da publicação da carta. Tendo vindo à luz apenas uma semana antes do apelo final perante a Corte de Apelação, a missiva de Geel tornaria difícil, para não dizer impossível, alegar incapacidade ou loucura a fim de tentar uma liberação com o punho e a letra da autora como contraevidência convincente. A carta também revela outras estratégias de poder. Tal como ocorre em algumas passagens do livro, a escritora justifica a ação das freiras encarregadas de sua própria vigilância, mas não chega a ponto de se retratar. Reafirma, sem nomeá-la, a existência de homossexualidade feminina na prisão, mas sua posição agora é mais vacilante. Geel tenta naturalizar um fenômeno que qualifica como "uma mera expressão da natureza humana infinita", ao mesmo tempo que o descreve como "alarmante" e "anômalo".

Contudo, além dessa ambiguidade, ainda restam poucas dúvidas sobre a conveniência de publicar um livro e uma carta, ambos escritos por uma mulher normal, às vésperas de ser proferida a sentença que avaliaria sua sanidade. Geel, ao contrário de Corina Rojas e de Rosa Faúndez, dá as costas aos "truques dos fracos" identificados pela crítica Josefina Ludmer. Ela não quer se esconder na loucura ou em explosões passionais, mesmo que isso signifique a diferença entre a liberdade e a prisão.

Depois da publicação do livro e em meio à polêmica sobre a orientação sexual de Geel e de suas companheiras de prisão, a Corte de Apelação de Santiago abre suas portas para ouvir as alegações dos advogados. Malaquías Concha, vestido com um elegante terno cinza, exibe todo o seu talento de atuação e cada um de seus argumentos. No fim da apresentação, as lágrimas inflamam um brilho furioso nos olhos do advogado. Mas seu choro, registrado pelos jornais como o ponto culminante de uma brilhante defesa, seria de pouca utilidade. A inadequação social de Geel como mulher e escritora, separada de dois homens quando não existia o divórcio legal, que publica livros *raros*, protagonizados por mulheres lésbicas, é utilizada pelos juízes para duplicar sua punição. Os ministros observam, em uma argumentação confusa, que sua "indiscutível personalidade psicopata [...] não impediu que dentro de suas próprias concepções sociais levasse uma vida comum, que sua atuação na literatura fosse celebrada, como registrado por escritores de renome e pelas críticas literárias de Alone, e que continuaria a partir de sua reclusão". Eles acrescentam que, de acordo com o teste de Rorschach, a autora tinha uma grande inteligência e, batendo o martelo, decretam: três anos e um dia.

O promotor deve ter ficado perplexo. A escritora María Carolina Geel tinha baleado sem motivo Roberto Pumarino, deixando seu filho órfão e a opinião pública à espera de uma punição exemplar. E ela não só tinha publicado um livro e enviado cartas da prisão, como tinha recebido uma sentença francamente irrisória. Benjamín Montero interpôs um recurso dizendo que a sentença aplicara uma pena menor do que a exigida por lei, mas a Corte Suprema já não queria saber mais nada sobre esse caso e menos ainda sobre o enxame de jornalistas que seguiam Geel de um lado para o outro. A Suprema Corte confirmou a sentença e deu o caso por encerrado no dia 11 de julho de 1956. Georgina Silva Jiménez deveria passar três anos e um dia no cenário de seu próprio livro, a prisão feminina, e estaria impossibilitada de exercer direitos políticos pelo resto da vida.

[Diário do silêncio]

Estou rondando seus papéis há dias. Procurando sinais sobre o crime, pistas de sua lucidez ou de sua loucura. Fico enfurecida de cair nas mesmas armadilhas que os advogados e juízes. Pensar que foi o amor, a vaidade ou um mórbido impulso de sentir a morte em suas próprias mãos. Enquanto tomo nota dos exames psiquiátricos, sou assaltada por um estranho pressentimento. María Carolina Geel previu tudo o que aconteceria depois do crime. O julgamento, a condenação, a escrita na prisão, e até mesmo que alguém, décadas depois, iria mexer em seus diários íntimos numa manhã de verão. Geel, penso enquanto um calafrio me percorre, adivinhou que eu viria. Leio uma frase que corresponde a seus últimos meses de vida e quase posso vê-la aqui, a meu lado, direcionando meu olhar para o traço trêmulo de sua letra. "A verdade nunca será mostrada", ela me adverte. "Nem a você, nem a eles, nem a mim."

Depois da sentença condenatória e sem outras instâncias judiciais para explorar, tudo o que estava à frente da vida de Geel eram 36 meses de prisão. Mas o crime do hotel Crillón, mais uma vez, seguiria um caminho inesperado.

Assim que a sentença final foi proferida, o autor de *Hijo de ladrón* [Filho de ladrão], Manuel Rojas, foi com o escritor anarquista José Santos González Vera bater na porta da casa de Alone. Embora nenhum dos dois fosse amigo pessoal de Geel, eles pediram ao crítico, em sua qualidade de intermediário, que entrasse depressa em contato com a ganhadora do Nobel de literatura Gabriela Mistral. Apenas uma figura de seu calibre e influência poderia interceder em favor de Geel e obter um perdão presidencial que iria libertá-la da prisão.

Dias após essa visita, em 13 de agosto de 1956, Gabriela Mistral enviou de Nova York, onde ocupava o posto de consulesa do Chile, o seguinte telegrama:

Honorável Senhor Presidente,

Rogo a Vossa Excelência uma alta graça, conhecendo ao mesmo tempo vossa piedade e magnanimidade, Senhor Presidente.

Respeitosamente suplicamos a Vossa Excelência um indulto cabal para María Carolina Geel, desejado pelas mulheres hispano-americanas. Esta será uma graça inesquecível para todas nós.

Dignai-vos Vossa Excelência ouvir este pedido que fazemos cheias de esperança, e enviai a vossas servidoras que aguardam ansiosamente vossa resposta que sempre foi nobre e justa em casos como o presente.

Vossa leal servidora,

Gabriela Mistral.

13 de Agosto 1956

A S.E. el Presidente de Chile,
Don Carlos Ibañez del Campo
La Moneda, Santiago

Honorable Señor Presidente:

Ruego a Vuestra Excelencia una subida gracia conociendo a la vez la piedad y la magnanimidad vuestra, Señor Presidente.

Respetuosamente suplicamos a Vuestra Excelencia indulto cabal para Maria Carolina Geel, que deseamos mujeres hispano-americanas. Será esta una gracia inolvidable para todas nosotras.

Dignese Usia oir este pedido que hacemos llenas de esperanza, y mande a vuestras servidoras las cuales aguardan con ansiedad vuestra respuesta que siempre fué noble y justiciera en casos como el presente.

Vuestra leal servidora,

Gabriela Mistral

Gabriela Mistral

15 Spruce Street
Roslyn Harbor, L.I.
New York, EE.UU.

Tal como ocorrera no caso de Corina Rojas quarenta anos antes, o indulto não é concebido por Mistral em termos puramente individuais. Sem vitimizar Geel ou apelar para sua maternidade, como tinha acontecido com a petição que favoreceu Rojas, Mistral arquiteta em seu telegrama uma conexão decisiva entre o futuro de Geel e o das mulheres hispano-americanas. O destino de uma criminosa, de uma célebre homicida, aparece em sua carta unido ao futuro de todo o gênero. E se esse futuro afetava todas nós, se a libertação seria uma graça inesquecível para as mulheres, algo da transgressão deveria ter contaminado o coletivo feminino. Aquela que mata, Mistral parece dizer, nunca mata sozinha.

Com essa breve intervenção, a poeta laureada traça um elo poderoso entre transgressão e feminilidade, e sua carta surte efeito imediato. De seu confortável escritório em La Moneda, Carlos Ibáñez del Campo, o mesmo general que tinha promulgado uma lei que perseguia vagabundos, mendigos, loucos e homossexuais, o mesmo que tinha suspendido anos antes a pensão que Gabriela Mistral recebia e que ela tinha batizado como "militarote" e "milico de botas altas", o mesmo que, anos depois, a receberia em La Moneda e prestaria condolências em seu funeral, responde-lhe nos seguintes termos:

Respeitada Gabriela:
Hesitei por um momento na forma como me dirigir a minha ilustre compatriota. Mas seus admirados livros criam uma familiaridade que permite o tratamento informal. Saiba, minha estimada amiga, que, no instante em que você faz um pedido, este é um assunto atendido e resolvido. [...] Considere, então, a partir de agora indultada María Carolina Geel.

Graças à intervenção da vencedora do prêmio Nobel, talvez a escritora mais *esquisita* das letras chilenas, batizada por Licia

Fiol-Matta como a mãe queer da nação e recentemente reivindicada como um ícone lésbico, Geel, a outra esquisita, deixaria sua cela depois de pouco mais de um ano na prisão. Mas a sua liberdade não significaria o fim das exigências confessionais. O juiz tinha fracassado nas perguntas, os médicos não tinham encontrado uma clara resposta e nem mesmo o livro tinha oferecido pistas sobre a verdade do crime, mas Gabriela Mistral faria a prova por si mesma e enviaria a seguinte carta para a desconcertada Carolina Geel:

Cara colega:

Li com grande alegria a feliz notícia que me deu nosso presidente, mas permaneço intrigada com o seu silêncio. Fatalista como sou, ainda estou esperando uma nota sua, de próprio punho, para me dizer se você está de fato livre. [...]

Uma coisa tenho de lhe pedir: ignoro completamente o que aconteceu com você e não acredito muito nas pessoas. É por isso que não é uma mera curiosidade, espero que seja você a me contar a história desse acontecimento lamentável. Não vou dar essa história para os fofoqueiros de plantão; eu a peço para mim.

Desconheço até se você é chilena ou estrangeira.

Seja feliz, querida colega, e [...] não se esqueça de me enviar o que você escreve.

Meus melhores desejos para você e para os seus. Não se esqueça de passar por minha casa, se vier a esta cidade.

Gabriela.

Nessa extraordinária carta, Mistral tenta se transformar em destinatária exclusiva do segredo. Gerando entre elas uma cumplicidade e confiança únicas ("Não vou dar essa história para os fofoqueiros de plantão") e aproveitando a posição de poder conquistada depois de conseguir a libertação de Geel,

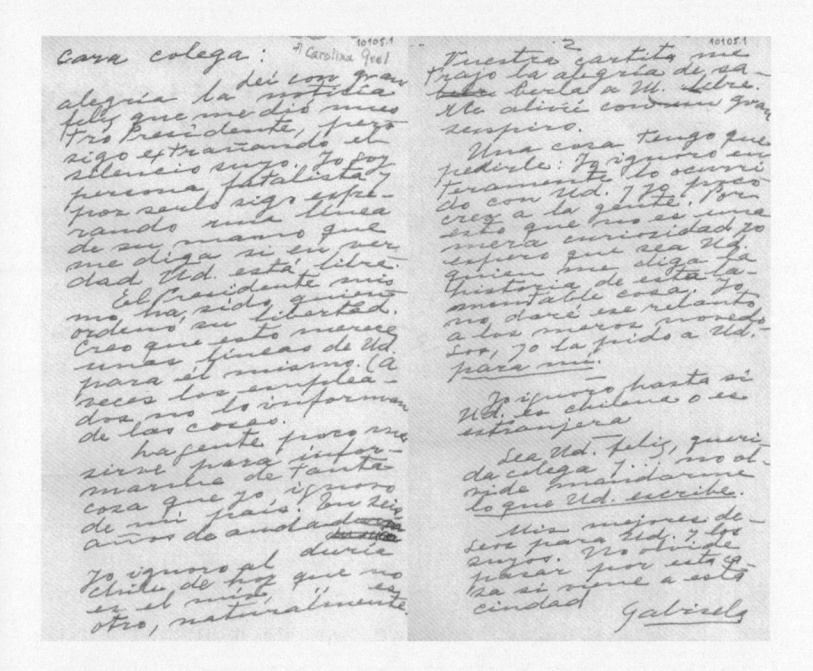

Mistral se torna parte da trama iniciada pela imprensa e continuada no procedimento judicial pedindo para ser ela a depositária da confissão evasiva.

Carolina Geel, no entanto, não responderia a essa pergunta. Em uma brevíssima resposta, a autora combina sua gratidão vibrante para com Gabriela Mistral com "o abatimento de quem não sabe nada de nada". E com esse *não saber*, com essa intrigante dupla alusão ao *nada*, María Carolina Geel encerra um episódio de sua vida ao qual não voltaria a se referir jamais.

[Diário do silêncio]

Foi o caso de María Carolina Geel que despertou minha curiosidade inicial. Ela, a mulher que escreveu o diário íntimo que eu leio e releio, foi quem me aproximou das outras protagonistas deste livro. Eu gostaria de sublinhar suas páginas e circular suas palavras, mas tudo que posso fazer é tomar notas em meu caderno. Junto a ela, aos seus restos, também escrevo. Preencho minhas folhas com suas frases, minhas cadernetas com suas ideias. E pouco a pouco, de maneira quase imperceptível, noto que a caligrafia dela e a minha estão se aproximando. A curva do A. Os Js e Fs tão parecidos. Com espanto, vejo que nossos parágrafos se duplicam. Só então, distraída por minha descoberta, abro o último de seus cadernos. E lá, no final, encontro esta oração como um mandato, um preságio, como o epílogo de minha busca e também de sua vida: "Aproximar-se do silêncio".

Depois do crime do hotel Crillón, María Carolina Geel passou a ocupar, juntamente com sua adorada María Luisa Bombal, um lugar único na literatura chilena. Ali, onde se reúnem feminilidade e transgressão, mulher e delito, apareceriam uma e outra vez essas duas escritoras e, com elas, a ubíqua trama da loucura e do amor. As reportagens e crônicas publicadas nas décadas seguintes jamais questionaram a versão da imprensa e não houve artistas, cineastas ou escritores que retomaram o assassinato. Apenas cinquenta anos mais tarde é que uma nova edição de *Cárcel de mujeres* provocaria uma releitura e detonaria uma série de novos ecos culturais.

No ano 2000, o livro mais conhecido de María Carolina Geel foi reeditado pelo selo feminista independente Cuarto Propio. E sua circulação, dessa vez, seria radicalmente diferente. Se a edição de 1956 retratava em sua capa uma mulher perseguida por um céu vermelho, às portas de um calabouço e com as mãos cobrindo o rosto no gesto por antonomásia da vergonha e da culpa, a nova edição mostra o rosto dividido de uma mulher que olha desafiadora para a câmera. O livro foi acompanhado por um prólogo de Diamela Eltit, a escritora que assinou algumas das reflexões mais afiadas sobre o crime feminino no Chile e que refletiu amplamente sobre a obra de Geel. Eltit reivindicou em seu texto a relevância de *Cárcel de mujeres* para o feminismo e questionou o papel mentiroso de Alone. E sua intervenção foi seguida por outras: textos críticos de Raquel Olea e Bernardita Llanos, a já mencionada crônica de Alejandra Costamagna e um relato ficcional que ressignificaria uma das notícias mais memoráveis de todo o processo.

Lina Meruane, em um conto intitulado *"Sangre de narices"* ["Sangue de nariz"], retoma a vida de Geel e aborda em chave ficcional sua dupla autoria. A personagem central desse relato é Carolina, uma mulher mantida no cárcere depois de assassinar seu parceiro. De sua cela, com um grampo tapando-lhe o nariz para não sentir os odores repugnantes do presídio, Carolina escreve e escreve. Lembra-se de sua vida, do assassinato, e rememora um presente peculiar que recebera do namorado: uma hamster a quem ela batiza de Georgina. Vendo o "pobre animal" sem muito o que fazer, a protagonista desse relato decide encontrar-lhe um marido e muito em breve nascem seis rebentos. Aqui, o texto de Meruane alcança um de seus pontos mais altos e delirantes. Movida pela curiosidade, Carolina abre a gaiola e com a ponta do dedo toca os roedores recém-nascidos. Mas o cheiro de mulher, de ser humano, horroriza a hamster Georgina, que durante a noite assassina seu companheiro e decapita suas seis pequenas crias.

Ecoando *Cárcel de mujeres* e a cobertura midiática do julgamento, Meruane interroga com humor as expectativas amorosas depositadas na feminilidade e erige sobre a página um personagem descontente, que resiste a seu destino doméstico e familiar. E o fato é que o imperativo de felicidade feminina, como é chamado pela filósofa Sara Ahmed, não escapava às mulheres chilenas, de então ou de agora. Depois de obter o pleno direito de votar nos anos 1940, o movimento feminista recuou, e as lutas que tinham ilustrado os jornais foram substituídas pela imagem sorridente da boa mãe e da esposa exemplar, também promovida pelas políticas públicas do aparelho estatal.

Em "*Sangre de narices*", o descontentamento da protagonista está ancorado nessas exigências intermináveis de domesticidade, mas na cadeia a infelicidade dá lugar ao desejo. Um desejo que se traduz primeiro em escrita e logo em avidez. Carolina, como seu animal de estimação, tinha fome, um apetite desumano. E sua fome voraz é saciada através de um gesto mais do que contundente. Carolina, trancada em sua cela exclusiva, lê um dos jornais em que é narrado seu próprio crime. E não se trata de uma notícia qualquer. A história a que Lina Meruane alude é uma das notas mais condenatórias de toda a cobertura jornalística do processo de Geel: "Assassinato e loucura no hotel Crillón: Matou seu amante e bebeu seu sangue".

A reportagem do *Clarín* descreve em letras maiúsculas a seguinte cena: "A conhecida poeta e escritora rubricou seu passional assassinato com um quadro de fato dantesco e macabro: ela se jogou enlouquecida sobre o corpo ensanguentado de Roberto Pumarino e o beijou. Empapou-se de seu sangue quente e bebeu dele. Juntava as mãos cobertas de sangue e com elas cobria os lábios, aspirando profundamente. Ninguém nunca contemplou uma cena de aparência tão histérica e sanguinária".

Acusando Geel de se jogar no corpo e de se "empapar de seu sangue e beber dele", o jornal não fala mais sobre Georgina Silva Jiménez. Não fala, na verdade, de uma mulher. A nota alude, com sua *sede de sangue*, a uma figura indeterminada e aterrorizante: a vampira. Um ser híbrido, que oscila nas margens do humano e do desumano, do masculino e do feminino, e que permite que o diário conquiste um objetivo crucial: tornar irreal a violência feminina.

"*Sangre de narices*" retoma nada menos do que essa notícia. E a Carolina fictícia de Lina Meruane, enquanto lê o jornal, repara

nessa nota e na imagem que a ilustra. "Observou por um momento aquela foto em que ela abraçava o corpo caído de Roberto e a apertou entre os dedos e a enfiou inteira na boca. Enquanto a mastigava, levantou o rosto para a janela, um raio de sol se filtrava por um canto e a escritora desfazia e engolia o artigo com sua fotografia."

Nessa cena fundamental, a protagonista pega a notícia mais condenatória do processo, aquela que chamara Geel de vampira e anormal, e em um átimo a devora. Carolina incorpora essa imagem a seu corpo, torna-a sua e a faz desaparecer, digerindo-a e subvertendo o relato que a expulsara dos limites do humano.

A protagonista, além disso, reivindica a autoria de seu texto e zomba das pretensões de Alone. "Queria tirar dela o segredo, queria vendê-lo, queria fazê-la desaparecer!", diz a narradora, sugerindo que foi ela quem usou o crítico para absorver seu prestígio, e não o crítico quem salvou a escritora de uma depressão profunda e infértil.

O relato de Lina Meruane é um texto sobre a dupla autoria de Geel. Obcecada com o gênero da linguagem e o poder de nomear, a Carolina ficcional teima em interrogar certas palavras. Ele não sabe se deve dizer *o* preso ou *a* presa, *o* homicida ou *a* homicida, *o* hamster ou *a* hamster. Meruane, como sua protagonista, procura uma linguagem para nomear o crime feminino e com certeza a encontra. Constrói na página uma personagem que reúne feminilidade e transgressão sem lhes interpor a loucura que de maneira ubíqua tinha dominado o relato midiático e judicial.

Depois do indulto do presidente da República e de um julgamento seguido com entusiasmo pela imprensa, Georgina Silva Jiménez saiu da prisão e voltou para casa. Continuou publicando colunas e livros e, durante anos, escreveu algumas linhas em seus diários pessoais. O assassinato que cometeu seria lembrado ocasionalmente pelos repórteres, que o definiriam como um dos *crimes passionais* mais impactantes cometidos na América Latina sem questionar, jamais, a veracidade dessa história. Os verdadeiros motivos da autora, apesar das perguntas dos juízes, dos diagnósticos dos psiquiatras e das conjecturas do mundo literário, permaneceriam ocultos atrás da pesada cortina do ciúme e do amor.

Mas o silêncio de Geel, a escritora, e de Jiménez, a assassina, seria inclemente também com ela. No fim da vida, quando vivia sozinha e seu nome não circulava mais nos jornais, outra forma de silêncio começou a habitar seu próprio corpo. "Quero enfatizar que essa surdez não é sobre a sonoridade das vozes", escreveria em seu diário, "mas da articulação das palavras." María Carolina Geel viveria seus últimos meses sem ser capaz de discernir o som das letras e, aos poucos, iria perdendo a memória. Esqueceria onde havia deixado o lápis, a xícara, os óculos. O que tinha comido na noite anterior e o que de fato havia acontecido naquela distante tarde de outono de 1955. Pouco a pouco, as palavras e as memórias iriam perdendo sua forma. O dia 1º de janeiro de 1996 seria o último na vida de Georgina Silva Jiménez. Morreria, aos 82 anos, tomada pelo mal de Alzheimer, sua última e definitiva forma de silêncio.

"Como se fosse da família"

MARÍA TERESA ALFARO

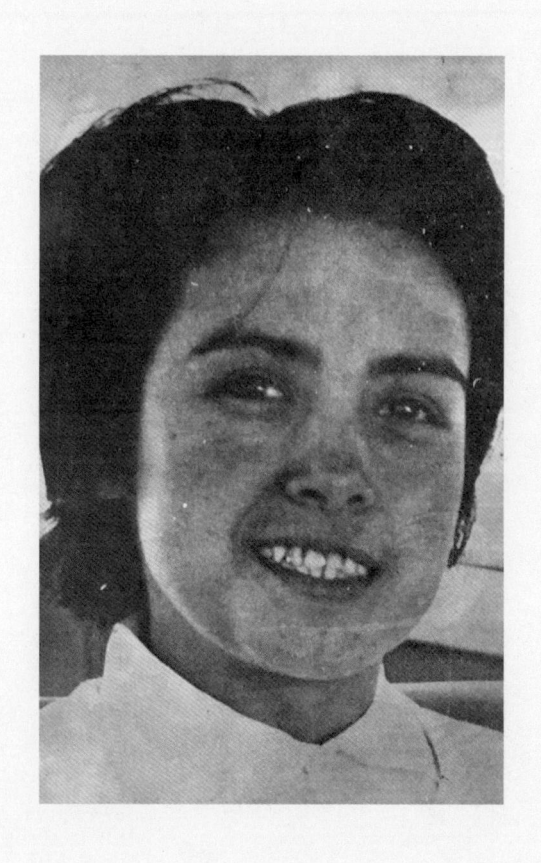

UM GOLE AMARGO

Nem boa nem ruim. Nem bonita nem feia. Nem curta nem lon-ga. Era a vida, ponto-final. O pano limpa a sujeira. A vassoura recolhe o lixo. A água lava o sabão.

A patroa me tratava bem, eu já disse isso. Se perguntarem a ela, dirá que eu era discreta e reservada, trabalhadora, leal, que nunca causei nenhum problema.

Quando cheguei à mansão, a patroa sentia a necessidade de me aconselhar. De guiar aquela menina dócil que falava pouco, quase nada. Dizia:

Teresa, filhinha, preste atenção em mim.

Eu cravava os olhos nela, olhava para ela sem realmente en-xergá-la e tentava invocar uma ideia barulhenta. Algo que me permitisse não ouvi-la falar de mim como se de fato me conhe-cesse. Com o tempo, felizmente, ela parou de falar comigo. Ou não. Talvez conversássemos, se é possível colocar desse modo. A patroa saía do chuveiro, abria a porta do banheiro, notava que eu ainda estava no quarto dela, arrumando a cama ou sacudindo os tapetes, e começava a falar. Falava enquanto secava as axilas e as virilhas, enquanto passava desodorante e borrifava perfume nos pulsos, enquanto esfregava a pele, toda aquela pele, com quilos e quilos de cremes caros. Falava como se estivesse completamente vestida ou como se eu nunca pudesse vê-la.

A garota, sua filhinha linda, também estava lá. Sentada aos pés da cama, em frente à porta do banheiro, ela observava todos os gestos da patroa, de sua mãe. Como delinear os olhos. Como passar batom nos lábios. Como escovar os cabelos. Como falar sem olhar. Eu só ficava ouvindo, senhores. E às vezes assentia com a cabeça. Assentia como a menina mansa e de bom caráter que eu devia ser. E batia os travesseiros, dobrava o pijama e pegava do chão as camisas suadas, as meias sujas, as cuecas salpicadas de sêmen.

Como eu queria enfiar as palavras de volta na boca dela. Como eu queria ser surda.

Uma mulher de baixo nível socioeconômico, desenvolvimento vital dentro da normalidade, com bom índice de adaptação ao meio e às circunstâncias de sua vida.

Comecei a sofrer da mesma dor nas costas de que se queixava minha mãe. Um latejar lento e profundo que percorria toda a minha cintura e me impedia de trabalhar. Tinha de me levantar mais cedo para conseguir fazer as coisas. Acordar, sacudir os lençóis, preparar o leite para a garota. Varrer, recolher a sujeira, jogá-la no lixo. Ventilar, limpar, encerar, coletar. A cada duas ou três horas eu devia parar. Acho que o doutor me encontrou em uma dessas pausas, quieta, ou ouviu meus gemidos e me descobriu quando eu estava pegando o cesto de roupa suja. Ele quis saber quanta dor eu sentia, de um a dez. Não respondi. A dor entorpecia minhas pernas e aguilhoava minhas costas, mas por nenhum motivo era uma cifra. O doutor disse:

Tome essas pílulas, Teresa.

Sempre odiei ouvir meu nome sair da boca dele: um cafezinho, Teresa, duas torradas com manteiga, meus sapatos pretos, um copo d'água gelado, Teresa, onde está a camisa branca, as meias limpas, o colete de lã, Teresa, traga-os, estou atrasado. Ele pronunciava o S do meu nome até o fim, até que o gastasse, e então parava por aí, levantando uma parede com seu silêncio. Teresa. Antigamente, o pai dele pronunciava o nome de minha mãe: María. E minha mãe, como eu, respondia: sim, senhor; não, senhora. Eles não eram nada mais do que isso para nós: os senhores, a família. Seus nomes não têm importância para esse caso.

A ré é consciente, lúcida, com controle volitivo adequado, juízo autocrítico e raciocínio dentro dos limites normais.

O doutor me deu os comprimidos e disse que eu deveria tomá-los quatro vezes por dia. A cada seis horas, assinalou, como se eu não pudesse dividir por mim mesma essas quatro sessões cheias de coisas coisas coisas coisas para fazer. Devia tomá-los no café da manhã, no almoço, no jantar e, o último, no meio da noite.

Eu não precisava de um despertador. A dor em si me lembrava que era hora de despertar. Então, meio adormecida, sem me animar a acender a luz, esticava o braço, apalpava às cegas o frasco de comprimidos na mesinha de cabeceira e enfiava um deles bem no meio da língua. Nunca conseguia engoli-lo. Não me interrompam, senhores. Agora quero que me escutem. A dor e o sono amorteciam meu corpo e eu ficava lá, com os olhos abertos ou fechados, com aquela pílula dissolvida na língua e um pensamento intrusivo, que me enlouquecia: era impossível, absolutamente impensável, que se pudesse curar *isso*, dentro de mim, com algo que *eu* pudesse tomar.

Ela não tem e nunca havia sofrido antes de insanidade ou demência.

Costumava ficar no cômodo de trás, aquele que vocês insistem em chamar de *meu quarto*, muitas horas, todas as horas que se encaixam em um dia de folga. Eu não gostaria de sair naquele dia. Não queria me mexer. Ficava imóvel, na mesma posição, deitada de costas na cama, as mãos apoiadas nas coxas, quieta, apagada, atenta ao exterior. Como eu gostava dessa calma, desse descanso total. Até que, de repente, depois de horas e horas de espera, algo estalava dentro de mim. A cômoda, a mesinha, o abajur, as paredes, o teto, todos os objetos do quarto repentinamente se abriam para mim, para me receber. Eles me aceitavam como sua. E eu conseguia me abandonar e entrar no espaço silencioso com eles. Na imensa família das coisas. Então, contemplava as mãos pela primeira vez: os dedos nodosos, as unhas roídas, a pele rachada e branca nos nós dos dedos. Duas mãos estranhas jogadas em um corpo que agora estava morrendo, morrendo lentamente de irrealidade.

Os relatórios indicados se referem a pequenas deficiências na memorização (primeiro relatório) e pobreza de linguagem (segundo relatório).

Mas não fui presa aqui para falar sobre as coisas. Sobre como eu ficava assustada com o contato de meus próprios dedos em minhas pernas. Querem que eu conte sobre a garota. Que lhes diga o que aconteceu.

A tábua de passar roupa era guardada na lateral da geladeira, dobrada sobre si mesma. Não me olhem assim, senhores. Esse é o começo da história. Era uma tábua velha, com pernas de metal, coberta por um pano com pequenas flores desbotadas. Eu a tirava de lá arrastando-a para fora, e aquele guincho, o barulho das pernas metálicas contra o chão, era suficiente. Daisy logo aparecia. Ela se aproximava cabisbaixa da porta da lavanderia, empurrava-a um pouco com seu focinho e, como se ninguém a visse, como se ela fosse invisível, se deitava calmamente no batente da porta. De lá, enrodilhada, olhava para mim. Com seus olhos tortos e azuis, olhava para mim, como se de fato me visse. Ela era cega, a Daisy. Talvez por isso pensasse que ninguém a via quando ela entrava na casa. Não era nossa. O que é que eu estou dizendo? Dizer *nossa*, depois de tudo. Quero dizer que Daisy não pertencia à família. E como não era de ninguém, já que estava sozinha e na rua, então a cadelinha era minha.

Fazia parte da família.

Ela nunca superou sua desconfiança. Metade do corpo para fora, metade para dentro. Esperava um osso, um pouco de leite, um pedaço de pão e isso era tudo. Devorava o que eu lhe oferecia e lambia a palma da minha mão, agradecida. Mesmo que tivesse fome, não pedia mais nada. Descansava o focinho nas patas dianteiras, fechava os olhos e dormia. Às vezes, sacudia as patas como se perseguisse um animal em sonhos. Outras vezes, balançava o rabo e batia no chão como se estivesse contando: um, dois, três, quatro. E se eu fizesse um barulho, se eu tossisse, se eu espirrasse, se eu cantarolasse uma música, então ela levantava a cabeça cor de café claro, o focinho coberto de manchas brancas, e cheirava o ar para confirmar que eu ainda permanecia lá, acompanhando-a.

No processo, ela não aparenta ter sido maltratada de nenhuma forma.

Não pensei que a patroa estivesse falando sério. Não achei que ela fosse capaz.

Com a tábua aberta na frente da porta, na frente de Daisy, eu passava roupa. As camisetas da garota, os panos de cozinha, meus aventais. Nunca me incomodou passar roupa. Encolher o mundo desse modo. Alguns tecidos opunham resistência e então era necessário passá-los mais devagar, lentamente esquentá-los até que fossem reduzidos a um mínimo. Imensos lençóis brancos transformados em pequenos quadrados de luz.

Às vezes, a garota me observava passar roupa. Outras vezes, ela tomava lanche na mesa da cozinha, calada. Eu a via mastigar cada bocado com os lábios perfeitamente juntos, o pescoço ereto, os cotovelos nunca, jamais, em cima da mesa. E eu continuava passando roupa: os sofás, as camas, os azulejos, as cadeiras, as mesas, as panelas, as árvores. Teria passado minhas próprias mãos se não precisasse delas para passar roupa.

Gozava da confiança de seus empregadores.

A patroa não gostava que Daisy viesse me visitar na casa. Ela temia o que aquele animal pudesse fazer com ela, com seu marido, com seus filhos, com os filhos de seus filhos. Tinha medo de que eles fossem infectados pela raiva. A garota, por outro lado, não se incomodava com Daisy. Uma vez até a acariciou. Aproximou-se da cadela com muito cuidado, agachou-se e passou a palma da mão sobre suas pálpebras fechadas. Como se também a amasse.

A vida e a morte são muito próximas, senhores. Curar ou matar, sanar ou adoecer, quase andam de mãos dadas. Perguntem ao médico. Ele mesmo trouxe o frasco de comprimidos para dentro de casa. Eu nem saberia o nome, onde encontrá--los, o que fazer com eles. O frasco era branco, já disse. E muito semelhante ao dos comprimidos para as dores nas costas. Mas dizia em grandes letras azuis: veneno.

Sei ler. Sei escrever. Conheço o segredo da palavra "veneno".

A estricnina é o mais importante dos alcaloides, sua fórmula química é $C_{21}H_{22}N_2O_2$.

Daisy jamais se aproximava da porta da frente. Não era tonta, não ficava farejando na casa quando os patrões estavam. Ela espiava pela porta dos fundos e só permanecia se eu estivesse lá para protegê-la. Mas é verdade, tinha fome. E a fome, senhores, a fome é fraqueza.

Naquela tarde eu estava na cozinha. Talvez estivesse lavando os pratos ou cortando em rodelas uma cebola ou descascando algumas batatas. Não me lembro. A patroa entrou e abriu cada uma das gavetas. O médico os escondera lá em cima, no armário, onde a garota não conseguia alcançá-los. Eram brancos, mas no meio tinham um ponto preto. A senhora os encontrou. Pegou um, enrolou-o em uma fatia de presunto e saiu apressada para o jardim.

Todas as gavetas da cozinha ficaram bem abertas.

Com doses de alguns miligramas, aumenta a sensibilidade dos órgãos sensoriais. Com doses de 10 a 20 miligramas ocorrem tremores, diarreia e falta de ar.

Parei de cortar ou de limpar ou o que quer que estivesse fazendo e corri o mais rápido que pude até a porta da frente.

Daisy estava lá, do lado de fora, a poucos passos da entrada. Por um momento, pensei que estava dormindo e liberei todo o ar do meu corpo de uma só vez. Mas depois me aproximei e pude ver seus olhos. Aqueles olhos azuis tão abertos. Como se vissem tudo pela primeira vez. Sua boca estava fechada, selada para sempre. E um fio de sangue, comprido e ziguezagueante, desenhava um pequeno caminho de lá até meus pés. Uma mensagem que eu, só eu, podia decifrar.

Daisy sacudiu o corpo em silêncio. Não rosnou. Não latiu. Houve só um gemido, no fim, como se uma porta muito pesada estivesse se fechando.

Também não gritei, senhores. Nem na hora nem depois. Entendi que, se eu gritasse, se eu abrisse a boca e desse um longo grito, nunca mais poderia parar. Esse grito, como o primeiro choro, desencadearia a vida verdadeira.

O patrão estava ao lado, em pé e muito quieto. Ele olhou para mim de rabo de olho e me mandou cuidar de tudo.

Disse:

Cuide de tudo, Teresa.

Disse:

Esfregue bem o chão, Teresa.

Teresa   Teresa   Teresa   Teresa

Senti um ardor na boca e atrás dos olhos, como se estivesse pegando fogo.

A droga produz sua ação principal no sistema nervoso por uma franca diminuição da resistência da sinapse entre os neurônios. Há uma sensação de pavor, estremecimento e aperto no peito.

Tive de enfiá-la em um saco preto.

Tive de esfregar o chão, mas a mancha ainda continuava lá.

Tive de carregá-la nos ombros e caminhar com ela, com o que tinha sido Daisy, até as imediações da propriedade.

A terra estava toda rachada por causa da seca. Não estava chovendo, eu sabia que nunca mais ia chover naquelas terras, mas o saco preto contra o chão soou como a súplica do mar.

Shhh.
Shhh.
Shhh.

A patroa tinha dito:
Eles vão acreditar no que quiserem acreditar.
Voltei para casa, me tranquei no quarto dos fundos e me deitei na cama. Eu piscava. O subir e descer das minhas pálpebras arranhava meus olhos. Daisy estava na rua, sozinha. Seria comida pelos abutres, pelos vermes, por todos os seres miseráveis. Eu a teria matado sem dor, senhores. Teria fechado suas pálpebras, beijado sua cabecinha e, antes de fechar sua boca, antes de selá-la para sempre, teria deixado um pedacinho de pão em sua língua.
Não sei quanto tempo se passou. Sei que ainda era noite. E, então, movida por não sei que força, por que vontade, me levantei.
Me levantei, senhores, e voltei para a rua.

O coração ia perdendo a força de se contrair e dilatar.

Um vapor branco e silencioso saía da minha boca, e só naquele momento, enquanto arrastava Daisy de volta para casa, tive uma ideia. Um pensamento cheio de espinhos.
Usei uma estaca e uma pá. E eu mesma, sozinha, cavei um buraco no quintal, em frente à porta da lavanderia de onde Daisy ficava olhando para mim.
Empurrei-a para dentro, cobri-a com terra e coloquei sobre ela um pedaço de pão.
Então soube que já não havia saída. Não seria possível fugir de uma sombra tão imensa.

A lei quer proteger as vítimas, quer protegê-las dentro de casa.

Arrumei a cama, lavei o rosto, escovei o cabelo, tomei uma ducha de água fria. Escovei os dentes, pus água para ferver, guardei a louça nos armários. Os garfos com os garfos. As colheres com as colheres. As facas com as facas.

Era sábado e havia convidados para o almoço.

A patroa disse:

Vamos pôr cinco lugares na mesa.

O patrão, a patroa, os dois convidados e a garota.

Os antecedentes da família por várias gerações não justificavam que pudesse haver algum defeito congênito que produzisse uma morte tão rara, rápida e violenta.

Tirar a pele do cordeiro esquartejá-lo salgar a carne despejar vinho sal pimenta cebola colocá-lo no forno lavar as batatas verificar o forno tirar os olhos os olhos os olhos da Daisy e descascá-las e cortá-las e fervê-las e lavar a salsinha e cortar a salsinha e servir a comida e morrer e morrer e morrer e morrer.

As pílulas tinham um ponto preto no meio.

Eles comeram tudo: o cordeiro, as batatas, o tutano, a salsinha.

Todos, menos a garota.

A menina, sentada na frente de seu pai, não queria tocar no prato. Tinha visto um cordeiro vivo no campo ou uma cadela morta em seu próprio jardim.

A patroa disse:

Você quer um leite morno, minha querida?

Era a menina dos seus olhos.

A asfixia também ocorre por outros motivos.

Voltei para a sala de jantar com o copo cheio, branco, cheio de branco, e a garota disse sim sim sim.
Disse que sim sem palavras.
E tomou aquele leite limpo, amnésico.

O pó era branco.

Esperei na cozinha e fiz um chá. Só um chá com um pão.

São antídotos específicos para estricnina os barbitúricos tais como pentotal, amital e nembutal.

Algo assim como um suspiro, foi isso que eu ouvi.
E então um alvoroço, alguns gritos e o mesmo silêncio da Daisy.
Teresa.   Teresa.   Teresa.   Teresa.

Ela deve ter ficado com medo, dada sua modesta condição de empregada.

Faltava lavar a louça e depois secá-la. Enxaguar as panelas. Passar pano no chão. Regar o vaso de fícus. Guardar os garfos com os garfos. As colheres com as colheres. As facas com as facas. Mas ainda não tinha terminado de fazer as coisas, todas essas coisas, tantas coisas, quando a patroa entrou na cozinha.
Meu chá ainda não tinha esfriado.

Só um chá com um pão.

A patroa deu alguns passos curtos, como se hesitasse, como se o corpo de repente parecesse estranho a ela e ela estivesse com medo de tropeçar e de cair em um precipício inexistente.

Uma substância cristalina incolor.

E ela me olhou nos olhos, senhores. Pela primeira vez, pela única vez em todos esses anos, a patroa me olhou nos olhos.

Uma fraqueza mental superior.
Uma personalidade primitiva.

E quando os viu, quando finalmente encontrou meus olhos, ela empalideceu.
Eu a vi, ela empalideceu.
Meus olhos também tinham um ponto preto no centro.
Seu próprio ponto-final.

[Diário de uma ficção]

Fico sabendo do caso de uma mulher que assassinou os filhos de seus empregadores. Ninguém se lembra dela com precisão. Só me dizem que aconteceu nos anos 1960 e que sua arma foi o veneno. No site de busca, escrevo: assassina, Chile, empregada doméstica. Não há resultados. Tento de novo: homicídio, babá, envenenamento. Nada. Pego o telefone e disco o número da casa de meus pais. Com um pouco de sorte e boa memória, talvez eles me deem alguma pista. Do outro lado da linha, meu pai escuta com atenção. Aham, ele diz. Sim, sim, sim. E depois de uma breve pausa, como se resgatasse esse nome de um porão escuro em sua memória, ele exclama: A Teté! Seu nome era Teté, repete, e me conta tudo o que sabe. Sem interrompê-lo, tomo nota. E à medida que avança na história, que se detém em pormenores curiosos e faz perguntas sem resposta, eu, por alguma razão, sinto o claro desejo de conhecê-la. Quero imaginar essa vida, quero escrever sobre essa mulher.

Uma tragédia. Foi assim que Sergio España e Magaly Ramírez definiram as sucessivas mortes de seus filhos ocorridas entre 1960 e 1962. Recém-casados, com empregos estáveis e sem grandes preocupações, marido e mulher tinham uma vida confortável e tranquila quando sua filha mais nova, Viviana, de apenas dezesseis dias, morreu repentinamente em 22 de julho de 1960. Aos poucos superaram a tristeza, a dor, mas a morte inesperada de sua primogênita Magaly Ximena, de um ano e três meses, foi um golpe ainda mais duro. E quando eles estavam apenas começando a se recuperar, quando eles gradualmente reconstruíam a vida depois de vários meses de luto, chegaria a vez de seu filho recém-nascido. O pequeno Sergio, de apenas 26 dias, faleceria em 3 de julho de 1962, deixando o casal sem filhos.

No hospital de Buin, uma cidade na região metropolitana de Santiago, os médicos estabeleceram que as crianças tinham morrido de causas naturais: meningite, encefalopatia e asfixia, embora também apontassem para a possibilidade de uma anomalia hereditária na família. Convencidos de que essa devia ser a explicação, Magaly e Sergio se submeteram a exames angustiantes para identificar em seu sangue a causa da morte dos filhos. Mas, uma e outra vez, os resultados foram negativos. Tratava-se, claramente, de uma armadilha do destino, uma tragédia que o casal teria de superar com integridade, sobretudo considerando as altas taxas de mortalidade infantil no Chile nos anos 1960 e o desejo de um dia constituir uma grande família.

Mas a tragédia do casal España-Ramírez parecia não ter fim. Em setembro de 1963, depois de meses de episódios críticos de saúde que os especialistas atribuíram ao nervosismo desencadeado pela morte de seus netos, morre na casa da família a mãe de Magaly Ramírez, Ana Córdova, de apenas 52 anos. Os médicos escrevem na certidão de óbito insuficiência hepática e pancreatite aguda, ambas agravadas pela suposta histeria que deixara a avó em repouso e isolada em uma sala escura na qual ninguém deveria entrar. Em nenhum momento os médicos associaram a patologia da mulher com as mortes súbitas de seus netos. Até que um último acontecimento, ocorrido naquela primavera de 1963, levantou as suspeitas do casal.

Sergio España e Magaly Ramírez tinham convidados para almoçar naquele sábado de outubro. Eles receberiam a visita de um casal de amigos de Copiapó com a filha Mariana, afilhada de Ramírez, que faria um ano em algumas semanas. Como em todo almoço e jantar, a responsável por cuidar dos detalhes do encontro seria María Teresa Alfaro, a empregada doméstica que trabalhava em tempo integral com os España-Ramírez e cuidava do dia a dia da casa.

Teresa se levanta cedo naquela manhã, rega o jardim, limpa os abajures e os móveis, põe a mesa, faz o almoço e por volta das duas horas da tarde se prepara para servir a comida. Nesse momento, a mãe da pequena Mariana a interrompe na cozinha e pede que ela aqueça a mamadeira de sua filha. Sem dizer uma palavra, Teresa obedece, e a convidada volta à sala de jantar com o leite para a menina. Nada parece estranho, os pais riem, bebem, brindam, até que uma tosse violenta os interrompe. Mariana joga a mamadeira no chão, pálida. A mãe, assustada, prova o conteúdo do frasco e percebe nele um gosto amargo. O pai confirma o forte amargor e cospe o leite no guardanapo. Magaly Ramírez permanece sentada, incapaz de dizer uma palavra. As pistas de um longo mistério se conectam com toda clareza para ela, que, apesar do medo, apesar da certeza, decide experimentar o leite. "Tinha um gosto amargo", declararia mais tarde, "o mesmo gosto que percebi no vômito do meu filho Sergio momentos antes de morrer, quando limpei a saliva de sua boca usando um lenço."

Sergio España, médico clínico geral, presta os primeiros socorros à pequena Mariana. A ação rápida ajuda a salvar a vida da menina, mas o alívio de ter evitado uma nova morte não seria suficiente para aplacar a dor deles. Magaly e o marido por fim entendem que a tragédia deles não tinha sido obra do destino nem dos genes ou das taxas de mortalidade infantil, e decidem levar a mamadeira aos laboratórios do hospital. Ansiosos, aguardam o resultado dos testes toxicológicos e suas piores suspeitas são confirmadas: o leite estava contaminado com altas doses de veneno para ratos e com estricnina, uma substância que o próprio pai da família havia levado para casa a fim de, em suas palavras, exterminar cães perigosos.

María Teresa Alfaro esperou na casa de seus patrões pela chegada da polícia. Um carro com quatro investigadores parou na frente do portão e a conduziu para Santiago. E lá, depois de exaustivos exames e interrogatórios, Alfaro confessou. Havia envenenado, um por um, os três filhos da família e também a sogra do médico, usando em cada crime meia pílula de estricnina misturada ao leite e aos alimentos.

[Diário de uma ficção]

São meus últimos dias na Biblioteca Nacional e me dedico a fotografar os jornais dos anos 1960. Quase não há memória em minha câmera. Quase não há lembranças sobre Teresa Alfaro. Embora o número de primeiras páginas sobre o crime seja ainda maior do que o de outros casos, ninguém escreveu um romance, uma peça, uma história inspirada nele. Quando eu volto da biblioteca, não consigo tirá-la da cabeça. Pergunto-me sobre sua rotina, suas tarefas. Vou chamá-la de babá ou empregada? Não sei por onde começar.

Procuro uma linguagem para evitar a redenção, a condescendência, a culpa. Leio autores que escreveram sobre personagens semelhantes (Mucamas? Serventes? Empregadas domésticas? Faxineiras?). Szabó. Donoso. Genet. Walsh. À margem do meu caderno, escrevo uma citação de *As criadas*: "Ela nos ama. É boa. A patroa é boa. A patroa nos adora". Preciso das palavras apropriadas. Do tanto de palavras justas capazes de nomear essa mulher.

Depois que os pormenores do caso chegaram aos ouvidos dos jornalistas, o alarme público foi total. A mídia relatou com detalhes escabrosos o modus operandi da homicida e não tardaram a aparecer editoriais exigindo uma punição exemplar. Nunca uma empregada doméstica havia cometido um crime semelhante, e a primeira audiência judicial ainda nem tinha sido realizada quando os repórteres já estavam clamando pelo fuzilamento. "Acumulam-se antecedentes para condenar Alfaro à morte", disse uma manchete do *El Diario Ilustrado*, mas foi a revista *Vea*, especializada em crônica sensacionalista, a responsável por gravar esse caso na memória de toda uma geração: "A assassina das mamadeiras envenenadas" era o título de uma capa dramática ilustrada com o rosto da assassina em primeiro plano, uma lágrima rolando por sua face esquerda, e os olhos fechados, escondendo um olhar que precisava ser evitado.

O crime parecia conter todos os ingredientes para passar à história como mais do que apenas uma nota policial: uma família típica, uma série de mortes incompreensíveis, o uso de veneno, dúvidas sobre o motivo e intensas exigências de punição. Mas seria um silêncio ferrenho que distinguiria esse caso de outros protagonizados por mulheres. Ao contrário dos assassinatos cometidos por Corina Rojas, Rosa Faúndez e María Carolina Geel, revisitados em inúmeras obras literárias e artísticas, esse caso foi seguido de um longo silêncio. O que

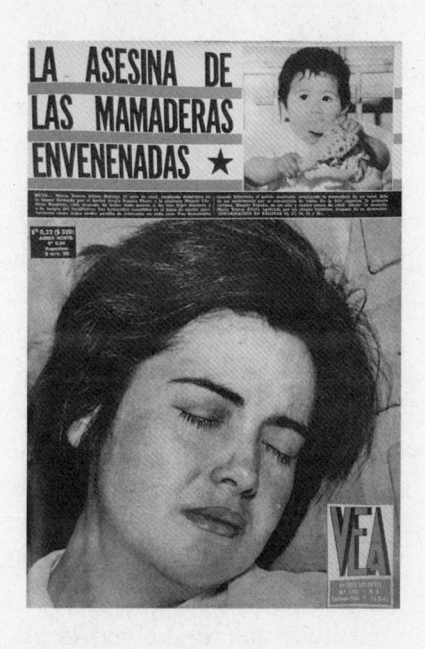

havia sobre Alfaro ou sobre suas vítimas que despertava tanta perplexidade?

Os España-Ramírez representavam o ideal da família moderna no Chile na segunda metade do século 20: um marido profissional que atuava como médico no hospital de Buin; uma esposa esforçada que trabalhava como parteira na mesma instituição; o desejo de ter filhos até constituir uma família numerosa; uma casa confortável a poucos quilômetros da capital; e até mesmo um animal de estimação, o cachorro batizado como Kenny. Pai, mãe, futuros filhos, casa, cachorro. Exemplar, digna de um anúncio publicitário em uma revista da época, a não ser pelo fato de que à margem daquela família nuclear, tradicional até em seus mínimos detalhes, existia outra incômoda integrante: a babá María Teresa Alfaro, de 23 anos, que morava em um quarto nos fundos da casa de Buin havia cinco anos.

Ao descrever os crimes perpetrados por Alfaro, os jornais se referiram obsessivamente ao grupo familiar. "Um verdadeiro extermínio da família", denunciou *Las Últimas Noticias*, enquanto a revista *Vea* acusou Alfaro de "destruir a casa", "destruir a família" e "romper o casamento". Uma afronta imperdoável contra a única instituição que gerava algum consenso nos turbulentos anos 1960 e que determinaria o prolongado fechamento cultural em torno desse caso dramático. Jornalistas, escritores e artistas prefeririam esquecer os assassinatos o mais rápido possível, mas primeiro os tribunais deveriam decidir o destino da homicida que atentara contra "o núcleo fundamental da sociedade".

Desde as origens da república liberal, a família muitas vezes foi usada no Chile como um instrumento político e legislativo. Entre 1938 e 1952, por exemplo, a Frente Popular ditou uma série de leis sociais que buscavam proteger a família nuclear, encabeçada por um chefe que seria o marido. E nos anos 1960, em meio à Guerra Fria, um dos poucos pontos de concordância em todo o espectro político nacional foi a importância familiar para o desenvolvimento do país. Os papéis de gênero reproduzidos por essa instituição dificilmente foram objeto de debate. Embora amplos setores sociais tenham aderido à discussão pública e a revolução sexual tenha atingido o corpo das mulheres, a estrutura familiar e sua rígida divisão de tarefas permaneceram quase intactas naqueles anos. As mulheres deveriam ser mães/esposas responsáveis pela nutrição e pelo bem-estar, e os homens, maridos/pais encarregados de prover sustento e disciplina. E era esse modelo, decisivo para o futuro da "grande família nacional", como o batizou Doris Sommer, que María Teresa Alfaro questionava, deixando artistas e escritores sem repertório visual ou verbal.

Teté, como era apelidada pelas pessoas mais próximas, havia começado a trabalhar como empregada doméstica pouco antes de completar dezoito anos. Sua própria mãe, lavadeira, a recomendara a Magaly Ramírez, e a partir de então Teresa saiu da casa dos pais e foi morar com os empregadores. O trabalho começava de madrugada e terminava ao anoitecer, incluindo passar as noites na casa e cuidar das mais diversas tarefas, da limpeza à comida, das compras ao jardim. Na exaustiva marcha diária, ser babá em tempo integral significava adiar a própria vida em favor do projeto de outro grupo familiar. E seu papel dentro dessa família, o papel de María Teresa Alfaro na conquista da felicidade dos España-Ramírez, era o de uma protagonista invisível.

Em suas declarações ao juiz de instrução, nomeado para resolver logo o escândalo de Buin, Teresa afirmou repetidas vezes que era "uma espécie de dona de casa no lar do sr. España". E, questionada sobre sua relação com as crianças, disse que tinha apreço por elas, sobretudo pela filha mais velha: "Das três crianças, a de que eu mais gostava era Magaly Ximena, porque ela andava, falava e era muito carinhosa". A mãe das crianças também confirmou a suposta importância de Teresa para o grupo familiar. "Teresa era, na minha casa, uma espécie de dona de casa", declarou, em uma estranha reverberação das palavras de Alfaro. E o próprio tribunal, no momento da sentença, considerou que "Alfaro cometeu um crime, traindo a fidelidade e a lealdade que ela deveria manter como empregada doméstica".

Afeto, lealdade e fidelidade se repetem na boca de acusadores, juízes e acusada como expectativas aceitáveis para a trabalhadora doméstica. Entre o amor e a obrigação, entre a liberdade e a obediência, Teresa estava marcada pela ambiguidade. Todos os dias ela prepara comida, mas nunca se senta à mesa, símbolo da ordem familiar. Ela se encarrega da nutrição e do cuidado das crianças, mas certamente não é a mãe.

Ela limpa, arruma e garante o bom funcionamento da casa, mas também não é a dona da casa. A babá, sob um modelo em que o doméstico era e ainda é domínio feminino, vela pelo bem-estar da família *no lugar de* outra mulher: sua patroa. "Uma espécie de", nas palavras de Magaly Ramírez. "Como se" fizesse parte da família, de acordo com a testemunha Regina Mayorga. Seu papel é caracterizado por uma indeterminação que, só agora, cinquenta anos depois de os assassinatos terem sido cometidos, nos permite dimensionar a rivalidade entre María Teresa Alfaro e a *verdadeira* mãe, a *verdadeira* esposa e a *verdadeira* trabalhadora.

[Diário de uma ficção]

Duas semanas depois e ainda sem escrever uma única linha, encontro uma entrevista. É um artigo publicado na revista *Sábado*, em que a jornalista Margarita Serrano entrevista Magaly Ramírez depois de 45 anos de silêncio. "Eu gostaria de morrer agora", diz Magaly. "É por isso que estou dando esta entrevista." Acho difícil acreditar que ela ainda esteja viva. Viúva, mas viva. Que ela nunca tenha deixado Buin. E que na mesma cidade, a poucos quarteirões de sua casa, more ninguém menos que Teresa Alfaro. A simples ideia me paralisa. A imagem das duas mulheres em suas respectivas casas, enfim tranquilas, e eu aqui, revivendo essa história que elas certamente não querem lembrar. Talvez exista o direito de ser esquecida, penso, e contemplo o branco de minha página. Temo que essas palavras, as minhas, reavivem sua dor.*

Assim que María Teresa Alfaro foi presa e se instaurou um processo com seu nome e sobrenome, o promotor e o juiz in-

---

* Na época em que fiz esta pesquisa, Magaly Ramírez estava viva, mas faleceu antes que o livro fosse impresso.

sistiram em ressaltar as tensões entre a empregada doméstica e sua patroa. Sergio España, o pai e marido, passou a desempenhar um papel secundário no caso, e as declarações de ambas as mulheres nutriram semana a semana as reportagens dos jornais e do arquivo judicial. Que as vítimas fossem crianças pequenas e a mãe de Magaly Ramírez só acentuou a ideia de que aquele era um caso puramente feminino. Uma disputa mulher-mulher, sem relação com classe ou tensões sociais, mas determinada pelos ciúmes e por problemas de caráter que consolidariam o caminho para uma punição muito severa.

O ideal feminino dos anos 1960 se baseava em estar bem casada, ter uma família numerosa e, em certos casos, um emprego remunerado. E Magaly Ramírez, antes de o primeiro dos assassinatos ter sido cometido, encarnava esse ideal letra a letra. Casada com seu amor da juventude, com dois filhos pequenos e um trabalho como parteira no hospital de Buin, tinha um extraordinário sucesso pessoal e profissional. Mas esse sucesso não dependia exclusivamente de si mesma. Como ainda acontece com muitas famílias contemporâneas, sua conquista do espaço público escondia uma operação de subordinação atrás das portas do lar: a contratação de um corpo feminino, um corpo de serviço, para realizar as tarefas domésticas que a sociedade tinha depositado sobre seus ombros, e não sobre os de seu marido. E dentro daquela casa, em um quarto dos fundos, María Teresa Alfaro exibia o revés de cada uma das conquistas de sua patroa: *não* mãe, *não* esposa e empregada no trabalho mais desvalorizado de todo o espectro laboral.

A promessa de felicidade contida no ideal feminino dos anos 1960 não era dirigida a todas as mulheres. Apenas algumas poderiam se realizar em cada um desses papéis. E Teresa Alfaro não deveria sequer aspirar a esse ideal. Essa foi a mensagem clara enviada a ela por seus empregadores quando descobriram que *sua* empregada, em segredo, estava se afastando de seu papel e reivindicando, para si mesma, outra vida. Ou, pelo menos, uma vida.

Apesar de seus rígidos horários de trabalho, de dormir na casa de seus empregadores e de ter apenas uma folga a cada duas semanas, Alfaro escapava ao anoitecer para visitar Segundo González, um homem casado com quem havia começado um relacionamento amoroso e a quem via com regularidade. Essa relação, aparentemente desconectada dos motivos do crime, foi central durante o julgamento, guiou os interrogatórios do juiz e, hoje, nos permite desvendar as ressonâncias de classe e gênero presentes nesse caso e que advogados, jornalistas e juízes insistiram em subestimar.

"Segundo González trabalhava no posto de gasolina perto do meu emprego, e essa amizade era malvista pelos meus patrões", declararia Alfaro sob juramento. "Até a sra. Anita me recriminava, embora com ela eu tivesse mais intimidade e houvesse lhe contado que estava grávida. Ela me aconselhou a fazer um aborto e me emprestou a quantia de vinte escudos. Sempre me repreendia porque eu continuava o relacionamento com Segundo, e isso me deixava com raiva."

Tanto a avó das crianças quanto os empregadores diretos de Alfaro tentaram influenciar as decisões de *sua* empregada. Nas três ocasiões em que engravidou, Teresa não só foi demitida da casa como pressionada a fazer um aborto como condição para voltar ao trabalho. "Fui repreendida muitas vezes", revelaria. "Eles me desprezavam. Eles me expulsavam quando eu estava grávida e me recontratavam quando eu tinha resolvido o problema."

Esse testemunho, que poderia muito bem servir ao juiz para articular um motivo criminal e esclarecer por que Alfaro havia assassinado todos os filhos de seus patrões, não foi considerado durante o julgamento. Ou, pelo menos, não com esse propósito. O magistrado não ponderou que a pressão da família pudesse despertar ressentimento em Alfaro, embora tenha aproveitado os três abortos para elaborar o perfil de uma mulher imoral e empenhada em "uma luta contra a maternidade". O aborto, tão ilegal no Chile naquela época quanto é agora, foi usado pelo juiz de instrução como evidência contra ela, e os jornalistas acrescentaram essa infração às suas outras transgressões. "Oito crimes punem a envenenadora de Buin", relatou *Las Últimas Noticias*, somando quatro homicídios concluídos, um frustrado e os três crimes de aborto. As relações extraconjugais de Teresa e a interrupção de suas gestações foram consideradas um claro antecedente de seu comportamento homicida. "A conduta anterior de Alfaro não é irrepreensível", escreveria o juiz, "porque ela mesma reconhece que teve relações sexuais com um homem casado e fez abortos."

Evitar a maternidade, no entanto, não era um dos desejos de Teresa Alfaro. Ela também ansiava pelo modelo de feminilidade personificado por sua patroa, mas, como empregada doméstica em tempo integral, esse projeto lhe era vedado. Três vezes ela teve oportunidade de ser mãe e três vezes foi forçada a fazer um aborto. E essa negação reiterada, essa proibição imposta repetidas vezes por seus empregadores, é a chave para entender o caso. O que se tornou inatingível para María Teresa Alfaro, a maternidade, também desapareceria para Magaly Ramírez, sua patroa. O crime das mamadeiras envenenadas questionaria da forma mais violenta e literal possível o significado da palavra "igualdade".

Ao assassinar os três filhos da família España, Alfaro tira de Magaly Ramírez seu título de mãe. E o faz, além disso, por meio de uma operação sinistra. Em cada um dos crimes, tritura as pílulas de estricnina e as adiciona secretamente às mamadeiras, mas nunca é ela quem as dá para as crianças. "Minha própria patroa deu para a criança, que tomou tudo", declararia Alfaro. E Ramírez acrescentaria: "Teresa se ofereceu para trazer a mamadeira e eu, sem experimentá-la, dei imediatamente de mamar ao bebê".

Em uma manobra sofisticada, que durante anos livraria da suspeita a verdadeira autora dos crimes, é a própria mãe e, em uma ocasião, a avó que desencadeiam a morte das crianças. Primeiro a do recém-nascido, depois a da primogênita e, por fim, a do único filho homem. E, a cada vez, a morte ocorre depois que se dá às crianças uma mamadeira com leite, o símbolo paradigmático do maternal-feminino, ligado à pureza e à nutrição. Magaly Ramírez, em um ato involuntário, mas não menos letal, desencadeia a morte de seus próprios filhos, causando a extinção do papel definidor de sua feminilidade: ser mãe.

Contudo, essa disputa penosa pela maternidade não se limita ao simbolismo do leite ou a quem, em última análise, causa os assassinatos, mas está enraizada em um dos comportamentos mais tabus e mais comuns entre as homicidas: o assassinato dos próprios filhos. E o fato é que, independentemente de quem deu o alimento envenenado às crianças, Alfaro foi a inquestionável autora dos assassinatos. Em uma substituição perturbadora, é ela quem mata os filhos de Magaly Ramírez *como se* fossem dela, como *uma espécie de* mãe infanticida, uma falsa Medeia. María Teresa Alfaro comete os assassinatos como se fosse parte da família. E mais: como se fosse a mãe. Ela cuida, ela alimenta e é ela quem mata, assim como as *verdadeiras* mães matariam seus filhos.

Talvez sem saber, a imprensa ecoou esse deslocamento de papéis publicando várias fotografias peculiares. Nelas, é Teresa Alfaro, e não Magaly Ramírez, quem chora sem consolo. É Alfaro quem comprime o rosto e pega um lenço e soluça diante das câmeras, enquanto Ramírez aparece destemida ao lado de seu marido, lançando um olhar de desconfiança e sem uma única lágrima nos olhos. A falsa mãe, a impostora, é aquela que protagoniza a performance da *mater dolorosa*, e é em seu corpo que se encontram os dois sinais que a crítica Julia Kristeva associa por excelência à maternidade: o leite e as lágrimas. María Teresa Alfaro não só despoja Magaly Ramírez de seu papel de mãe, como aos olhos do público toma seu lugar de mãe sofredora.

[Diário de uma ficção]

E se eu viajasse a Buin? E se eu me aventurasse pelas recém-pavimentadas estradas e batesse à porta da casa de Teresa Alfaro? O que lhe diria? Eu iria, como fizeram jornalistas e advogados, perguntar o porquê? Bem longe de Buin, na tranquilidade de minha casa, ensaio vozes para escrever a história. Terceira, segunda, primeira pessoa. Não consigo decifrar minha posição. Quem sou eu nessa história? Sou a garota morta? A patroa? Sou o pai de família? O espelho de Alfaro é muito opaco. Não foi difícil me ver na singularidade de Carolina Geel, entender os motivos de Corina Rojas ou as circunstâncias de Rosa Faúndez. Mas, diante de María Teresa Alfaro, me encontro completamente muda. Nem sei como chamá-la: Juana, Gladys, Flor. Sobre quem estou escrevendo de fato? Quem quero punir? María, acho, e começo uma nova versão com esse nome genérico, mariano. E, assim que termino, risco esse nome e escrevo outro, o verdadeiro: Teresa, Teresa, Teresa, como a santa e a assassina.

Magaly Ramírez, claro, não era apenas mãe. Sua feminilidade também implicava ser filha, esposa e uma mulher trabalhadora, e Teresa Alfaro seria responsável por ameaçar cada um desses atributos.

Depois de assassinar os filhos de sua patroa, Alfaro, durante meses, misturou doses baixas de estricnina no almoço e no

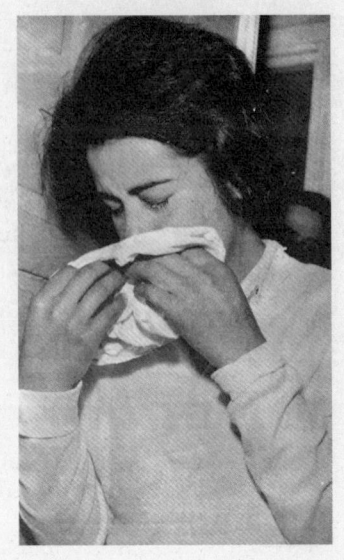

jantar de Ana Córdova, a mãe de Magaly Ramírez, provocan-do-lhe uma longa e extenuante doença. Córdova, em várias ocasiões, foi ao hospital para tratar sua condição, mas nem os médicos nem sua própria filha pensaram que ela estivesse de fato enferma. Atribuíram as dores e o tremor de suas mãos à "histeria própria das mulheres" e lhe prescreveram banhos quentes, xaropes para os nervos e longos períodos de solidão. "O que mais me machucou", diria depois Magaly Ramírez, "foi não ter sido capaz, como filha, de lhe dizer não, mamãe, você não está histérica." Acontece que, quando suas primeiras sus-peitas despertaram, já era tarde demais. Ana Córdova tinha morrido de insuficiência hepática supostamente provocada pela histeria e, com ela, também morrera o segundo papel da feminilidade exemplar de Ramírez: o de filha.

Mais oblíquo, porém do mesmo modo avassalador, seria o terceiro ataque a Magaly Ramírez como mulher. Assim que va-zou para a mídia, o caso das mamadeiras envenenadas foi descrito como um drama caseiro, uma tragédia familiar ocorrida no interior da mansão de uma família burguesa. E o protagonismo desse espaço, paradigmaticamente privado, induziu a rumores sobre um triângulo amoroso: um relacionamento sexual entre Teresa Alfaro e seu patrão, Sergio España.

A imprensa de perfil sensacionalista se apropriou desse boato e alegou que Alfaro tinha perpetrado os crimes motivada por ciúmes e para destruir o casamento. Mas a indignação de Sergio España e o apoio irrestrito de seus colegas impediram que esse rumor chegasse aos tribunais. Em longas cartas endereçadas aos jornais, médicos de diferentes instituições reafirmaram o perfil de España como o de um bom pai de família. "De forma responsável, vamos dizer que, em sua terra natal, aqueles de nós que o viram crescer ou cresceram com ele estamos orgulhosos de seu trabalho dedicado à comunidade no campo técnico, cultural e afetivo", diriam, salientando além disso seu "merecido prestígio como médico, homem público, chefe de família e amigo." O dano, no entanto, já estava feito. A possível infidelidade ficou registrada na opinião pública e acabou com outro dos papéis fundamentais na vida de Ramírez: o de esposa exemplar. Filha, esposa e mãe, os três estágios de feminilidade que fundam o modelo mariano, seriam derrubados um a um pelos crimes de María Teresa Alfaro.

Restava apenas o papel de Magaly Ramírez como mulher trabalhadora. E, apesar de à primeira vista ser o único que ambas as mulheres compartilhavam, o único que Alfaro não tinha motivos aparentes para ameaçar, a valorização social de seus ofícios era radicalmente dessemelhante. Embora, no momento em que Teresa foi descoberta em sua saga criminal, 64% das mulheres que emigravam para as cidades estivessem empregadas em casas particulares, seu trabalho não era considerado, nem estatística nem simbolicamente, um trabalho real. Uma invisibilização que remonta ao início do século 20, quando nem mesmo o sindicato feminino admitia empregadas domésticas em sua organização, por não tratar as tarefas como trabalhos respeitáveis. No extremo oposto, Magaly Ramírez era, aos olhos da sociedade, uma trabalhadora exemplar. Uma funcionária proeminente do hospital de Buin, que dava palestras para as chamadas populações de emergência sobre o cuidado e a nutrição de recém-nascidos e cujo trabalho como parteira era muitíssimo valorizado. Até que aconteceram os crimes, é claro. A morte repentina de seus próprios filhos certamente diminuiu a reputação profissional de uma mulher dedicada aos cuidados das crianças, portanto é provável que sua identidade como trabalhadora também tenha sofrido consequências.

Se María Teresa Alfaro estava marcada pela indeterminação dentro da família España-Ramírez e pela negação de qualquer papel externo a essa família, seus crimes transfeririam negações idênticas à sua patroa. Embora juízes e advogados se empenhassem em reorientar o caso para os problemas de caráter de Alfaro e até mesmo para uma suposta patologia psiquiátrica, uma leitura cuidadosa do processo judicial traz à tona as tensões de classe e gênero. Em uma sucessão de violências mulher-mulher, Alfaro parece igualar as coisas entre ela e sua patroa: se ela tinha abortado três vezes, mataria três filhos de Ramírez; se ela não podia ter um marido, atentaria contra seu casamento; e, se seu trabalho não era levado a sério, tampouco seria o de sua empregadora. Teresa Alfaro transforma Magaly Ramírez em *não* mãe, *não* esposa, *não* trabalhadora. E, assim, elimina os atributos essenciais de um modelo de feminilidade que lhe fora proibido.

[Diário de uma ficção]
    Embora eu tenha resistido a ler a sentença judicial, enfim faço isso. Suas páginas não estão oxidadas como nos outros casos, a

letra é de fôrma e a clareza é indiscutível. Não queria lê-la por medo de que a verdade destruísse a ficção. Por medo de que os parágrafos devastassem os meus e eu não pudesse escrever o relato que insisti em escrever. Processo 18 429. Alfaro Hidalgo, María Teresa. Conheço muito bem a linguagem da lei. Aquela voz seca e fria, aquele coro de juízes e advogados que buscam se impor aos demais. Sublinho as definições, os preconceitos. Leio a composição química do veneno. Talvez esse seja o caminho, penso, e uma ideia finalmente surge. A voz que julga e a voz julgada. A que arma e a que desarma. A que castiga e a que redime. A voz de Teresa e a voz da lei.

Depois que María Teresa Alfaro confessou sua autoria e os peritos encontraram vestígios de estricnina em um dos cadáveres exumados, a grande questão a ser resolvida durante o julgamento passou a ser o *porquê*. A sentença assinada por Julio Aparicio estabelece que se tratou de "um motivo secreto, cuja revelação não foi possível obter", mas poucas linhas abaixo o mesmo juiz afirma que "o motivo foi perverso, formado pelo ciúme, pelo espírito de vingança e pelo interesse mesquinho de ordem passional". Em uma argumentação muito duvidosa, o juiz se contradiz repetidas vezes. Ele acrescenta "que o motivo que induziu a acusada Alfaro a delinquir foi, segundo ela declarou, o aborrecimento, a raiva que sentia pelo fato de seus empregadores se intrometerem em sua vida amorosa", mas conclui, sem mais delongas, que se tratou de um crime sem motivo.

Ao longo dos meses, Alfaro seria extremamente vaga em suas respostas. Interrogada pela polícia, por psiquiatras e advogados, ela diria: "Não posso dizer ao tribunal qual a razão que me induzia a agir da maneira que agi, e isso é porque eu mesma ainda não entendo o que me levou a agir assim". Como se ela não pudesse encontrar em si mesma as palavras ou como se os sentimentos se confundissem entre si, Teresa afirma não entender seu próprio comportamento, porém mais tarde, quando questionada sobre sua vida cotidiana, nomeia com absoluta precisão a raiva e o aborrecimento. "Eles me culparam pelo desaparecimento de 50 mil pesos e isso me deixou com raiva", disse. "A patroa e o doutor ficavam me provocando, dizendo que eu tinha de abandoná-lo [Segundo], e isso me dava raiva", acrescentou. E, sem esperar por outra pergunta, interrompeu o detetive e concluiu: "Eu esqueci de dizer que também me incomodava que a sra. Anita se intrometesse nos meus assuntos pessoais".

Raiva, Alfaro diz. Raiva porque ela tinha sido acusada de roubar. Raiva porque fora impedida de manter um relacionamento amoroso com Segundo González. Raiva porque fora pressionada a fazer três abortos. Aborrecimento porque o cachorro Kenny "sujava os cômodos e deixava tudo enlameado e eu tinha que ficar limpando". Na voz de Teresa Alfaro, a raiva contém uma poderosa afirmação: que ela tinha o direito a um relacionamento e a ser mãe quando quisesse, que tinha o direito de que seu trabalho fosse levado a sério e de não ser acusada de ladra ou ser repreendida por seus patrões. Sua raiva diz alto e bom som que ela queria outra vida. Uma vida suportável, nas palavras de Sara Ahmed, ou uma vida vivível, de acordo com Judith Butler. A raiva de Teresa Alfaro carrega um poderoso signo duplo: a rejeição à sua posição de subordinada e a afirmação de outras aspirações.

Mas isso, talvez, seja ir longe demais. A raiva de Alfaro é imprecisa e ultrapassa situações específicas, ela mesma não é capaz de dimensioná-la. A raiva é grande, é mencionada em relação ao seu namorado e ao cão, mas não chega a projetar toda a sua sombra. A sentença fala de um motivo abominável e a imprensa a qualifica como ridícula. "Os investigadores da brigada de homicídios consideram o motivo absurdo quando comparado às projeções de assassinato", indica a revista *Vea*, e *El Diario Ilustrado* acrescenta que "ideias inexplicáveis se formaram na mente da empregada doméstica". Por que a raiva não foi considerada um motivo suficiente? O que havia de *abominável* nos sentimentos de María Teresa Alfaro?

Em um breve e brilhante ensaio, a filósofa Marilyn Frye esboça uma resposta. A raiva, ela adverte, sempre supõe a existência de um agente que causa um mal. Não é legítimo, por exemplo, sentir raiva em relação ao céu porque chove. Trata-se de uma emoção que aponta o dedo para uma injustiça, não uma mera falta de sorte, e admitir essa injustiça supõe exigir uma reparação. Por essa lógica reivindicatória, a raiva é considerada por Frye e por outros filósofos contemporâneos como uma emoção política fundamental, e é essa dimensão que explica por que desperta tantas resistências quando se vincula ao feminino. No corpo das mulheres, a raiva costuma ser adjetivada como desmedida, irracional ou de origem histérica, denominações que cumprem a função de deslegitimar suas causas e de apagar o fator responsável por ela.

A sentença, nesse caso, seguiria o habitual roteiro da raiva feminina e iria descartá-la como motivo. "Os fatos delituosos em questão não foram executados em vingança próxima de uma ofensa grave causada à autora ou a seus parentes, uma vez que do processo sobressai que ela não tinha sido ofendida de nenhuma maneira." E sem ofensa não há culpado nem raiva possível. A opressão de Alfaro, suas condições de vida, que fosse pressionada a abortar, acusada de roubo e repreendida por seus patrões não são consideradas pelo juiz como um problema de verdade. Em seus emaranhados argumentos, o tribunal diz a Alfaro que ela não podia ficar brava com o céu porque chove. Ser empregada doméstica 24 horas por dia e pôr em suspenso a própria vida em favor do projeto de outra família era tão natural quanto a chuva. Alfaro, para o juiz de instrução, não tinha o direito de ser mãe, esposa ou trabalhadora. E ela não só não devia sentir raiva, como também devia expressar uma profunda gratidão.

O juiz, ao negar a raiva como motivo do crime, reprime deliberadamente as dimensões de classe desse caso. E sua estratégia não é, de forma nenhuma, acidental. Levar a sério a raiva de uma empregada doméstica, dizer que sim, que ela havia matado porque sentia raiva, porque experimentava na vida uma série de injustiças diárias, teria envolvido pôr à mostra uma das rachaduras mais profundas da estrutura social chilena. Uma estrutura que naqueles anos estava no centro de ríspidas disputas ideológicas e que os tribunais preferiram deixar de fora dos holofotes.

Os anos 1960 foram um divisor de águas histórico. Uma década na qual o campesinato foi incorporado de forma ativa na vida política, em que se iniciou e se aprofundou a reforma agrária e a sociedade se polarizou como nunca. Enquanto Alfaro era julgada pelos tribunais, o Chile passava por um ponto de inflexão. Depois do triunfo da Revolução Cubana e da eleição presidencial de 1959, em que Salvador Allende ficara em segundo lugar, os Estados Unidos ativaram no país a chamada Campanha do Terror, uma operação realizada pela CIA com o objetivo de evitar a todo custo a eleição de um governo socialista, invocando com insistência os perigos do marxismo para as famílias chilenas. Um anúncio publicitário, citado pela historiadora Sofía Correa, ilustra a conexão entre essa campanha e o caso de Teresa Alfaro. A propaganda "começava com os disparos de uma metralhadora e os gritos de uma mulher pela morte de seu filho nas mãos dos comunistas; em seguida, uma voz de homem dizia: 'Para evitar que isso aconteça no Chile, vote em Eduardo Frei'".

Dizer que os comunistas matavam crianças se transformou em lugar-comum durante os anos 1960 e 1970. Daí que as campanhas políticas de esquerda tentassem afastar esses demônios, reafirmando a importância da família para o desenvolvimento do país. A figura do comunista devorador de criancinhas, aquele que literalmente comeria os filhos das famílias burguesas, longe de ser um disparate político da Guerra Fria, poderia afetar de maneira problemática a figura de Teté, por isso era melhor negar sua raiva, não mencionar qualquer desigualdade de classe e esquecê-la.

O caso das mamadeiras envenenadas reunia muitos, talvez até demais, dos conflitos centrais daqueles anos. Tinha sido um atentado contra a família burguesa e contra um sistema de classes que estava em xeque, mas suas conotações políticas não foram vislumbradas pelo juiz, pelos advogados, nem dimensionadas pelos artistas da época. Em uma década na qual músicos e cineastas embarcaram em reivindicações exemplares das classes populares, anos em que a nova canção chilena e o novo cinema latino-americano buscavam valorizar os sujeitos sociais antes marginalizados, a chamada babá diabólica não poderia inspirá-los, sobretudo se o caso estivesse despojado de heroísmo e de luta de classes e se fosse apresentado ao público como um problema psicológico ou pessoal. Alfaro não era o Chacal de Nahueltoro, um assassino transformado em mártir depois de ter o fuzilamento noticiado e cujos crimes, além de inspirar o filme homônimo de Miguel Littín, foram logo definidos como o corolário de uma vida de injustiças e marginalização. Tampouco era a romântica Corina Rojas, presa a uma ideia ingênua de amor que gerou mais consensos do que dissensos no alvorecer do século 20. Disfarçado de lealdade, gratidão e afeto, o trabalho doméstico se manteve longe dos debates ideológicos da época, e não havia uma única voz que se atrevesse a explicitar a dimensão de classe presente nessa concatenação sinistra de homicídios. O mais adequado parecia ser circunscrever o caso a um problema de ciúmes tipicamente feminino, impor à sua autora um castigo imediato e virar a página de uma vez por todas.

[Diário de uma ficção]

Em meu caderno, coleciono algumas frases da sentença judicial. Eu as selecionei com cuidado, extirpei-as com precisão para resgatar do repertório estreito da lei uma dúzia de palavras perigosas. *Volitivo. Deficiência. Controle. Antídoto.* Ao lado delas, minhas próprias palavras vão preenchendo algumas páginas. A rota para o sentimento é a rota para o crime, repito a mim mesma, enquanto na primeira pessoa, com essa outra voz, começo a inventar uma história tão semelhante e tão diferente da de Teresa Alfaro. Solidão. Isolamento. Raiva. Vingança. Quero que a verdade da lei enfrente outro tipo de linguagem. Que minhas palavras e as suas se encontrem sobre a página e que primeiro se rocem e depois se friccionem um pouco mais, e que no fim, à medida que o resultado se aproxima, se golpeiem com força, se choquem com crueldade, com violência, até soltar a primeira fagulha.

Por mais que sua autoria fosse indiscutível, os crimes de María Teresa Alfaro não podiam ficar sem explicação. E com a urgência de encontrar um porquê, e assim dar o julgamento por encerrado, o caso das mamadeiras envenenadas seguiria na mesma direção de outros assassinatos perpetrados por mulheres. Já longe da perigosa raiva ou das comprometedoras tensões de classe, a sentença recorreria ao ciúme e à paixão.

Magaly Ramírez seria fundamental para avalizar esse argumento, e várias testemunhas confirmariam seu depoimento. "O motivo para os crimes que ela cometeu contra meus filhos e contra minha mãe, e mesmo contra meu cachorro, foi o ciúme", disse Ramírez. "Aparentemente, ela queria se tornar indispensável e se empenhou para me privar do que me era mais caro. Não disse a ninguém que Teresa usava meus perfumes, porque eu nunca os uso."

Em uma confusa declaração, Ramírez pronuncia a palavra "ciúme", mas aponta, na realidade, para outro sentimento: a inveja. Uma emoção que a filósofa Sianne Ngai associa à raiva e que, assim como esta, surge como reação a uma desigualdade. Mas nomear a inveja e abrigá-la no corpo de María Teresa Alfaro era muito arriscado. Teria exigido um reconhecimento da disparidade de classe tão cuidadosamente contornada durante o julgamento e forçado o tribunal a se perguntar o que Alfaro queria e não poderia ter, ou seja, qual era o objeto dessa inveja. E a resposta teria apontado para a tripla negação já mencionada: ser mãe, ser esposa, ser trabalhadora. Três desejos muito problemáticos para uma empregada doméstica e que seriam substituídos pelo mais romântico e tolerável ciúme.

Ao ouvir as declarações de sua patroa, Alfaro reagiu com veemência. Com uma determinação pouco vista em seus testemunhos, replicou: "Não foi o ciúme, como vossa excelência me pergunta, que me moveu a agir nos crimes que eu declarei em processo, porque a verdade é que eu era uma espécie de dona de casa no lar do sr. España, então eu não tinha esse sentimento".

As palavras de Alfaro são desoladoras. Não descarta o ciúme por considerá-lo uma falsa ou fantasiosa imputação, não o rejeita como impreciso, não alude à inveja nem à raiva, mas afirma que ela *já era* uma espécie de dona de casa, ou seja, ela já tinha o que supostamente queria para si mesma, mesmo que fosse uma suplantação, uma mera extensão dos papéis da patroa.

O poder do ciúme, de qualquer maneira, seria avassalador e serviria para resolver esse caso sem a necessidade de aprofundá-lo em zonas escabrosas como a inveja ou a raiva. O promotor, Reinaldo Rodríguez Bull, pediria que se aceitassem na sentença circunstâncias agravantes de premeditação, traição e abuso de confiança, e suas acusações não tiveram contrapeso algum. Ninguém contestou a querela criminal, porque ninguém defendeu María Teresa Alfaro. A homicida não contou com advogados na primeira instância do processo, e apenas no último minuto seu arquivo passou a integrar a pilha de causas perdidas acumuladas nos escritórios da Assistência Judiciária Gratuita. A apenas alguns dias do prazo final para responder, os recém-formados da faculdade de direito pouco puderam fazer por sua representada.

O juiz aceitou o ciúme como motivo, redigiu algumas linhas sobre as mulheres e seus impulsos passionais e deu o caso por encerrado. O caso de Teté, embora ancorado em profundas desigualdades, foi por fim definido como um crime da natureza: um assassinato perpetrado por um babá diabólica e ciumenta que devia ser punida o quanto antes. Em uma argumentação caótica, mas eficaz, o tribunal transformou uma complexa questão de classe em um atributo intrínseco a todas as mulheres: a Corina Rojas, a Rosa Faúndez, a María Carolina Geel e, claro, à famosa Teté. María Teresa Alfaro Hidalgo, chilena, natural de Santiago, 23 anos de idade, solteira, alfabetizada, empregada doméstica, seria declarada culpada do homicídio consumado de três crianças e uma mulher adulta, além da tentativa de assassinato de uma menor. E seria condenada, em primeira instância, à pena máxima prevista no sistema legal chileno: a pena de morte.

A imprensa, nesse momento, como acontecera com Corina Rojas, abandonou a gravidade inicial e criticou a inclemência da sentença. Os mesmos jornais que três anos antes tinham advogado pela execução agora optam por matizar as opiniões. Como se o fuzilamento de alguma forma tornasse mais real a assassina, *Las Últimas Noticias* lança dúvida sobre a autoria dos crimes e questiona a necessidade de fuzilar Teté. Em uma longa reportagem, o jornal alega que não se encontrara estricnina em todos os corpos exumados, mas apenas nas vísceras do animal de estimação e da filha mais velha, e com apenas um crime de fato comprovado e a confissão extraída com violência considera que a punição devia ser reavaliada. A essas notas jornalísticas foi adicionada uma chamativa estratégia representacional. Nas semanas posteriores à sentença, os jornais publicaram dezenas de fotografias e ilustrações de uma Alfaro de coração partido e envergonhada. A Teté aterrorizante, a mulher que envenenara três crianças e a avó delas, parecia, pelo menos nos retratos, finalmente desarmada. "Se a sentença ditada pelo ministro Julio Aparicio for cumprida", diz o jornal *El Diario Ilustrado*, "María Teresa Alfaro Hidalgo será a primeira mulher fuzilada no Chile e a terceira culpada de homicídios tão contundentes. As duas anteriores foram Corina Rojas e Rosa Faúndez."

Além da menção a uma verdadeira genealogia de mulheres criminosas que eu mesma quis resgatar, María Teresa Alfaro não

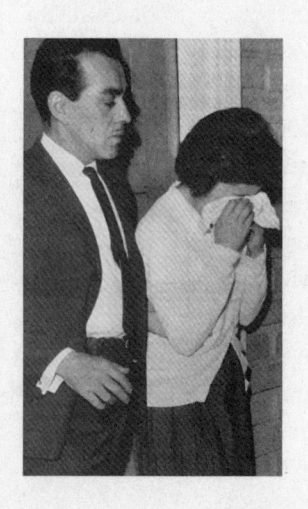 

seria a primeira mulher fuzilada no país. A Corte de Apelação, como aconteceu com outras mulheres assassinas, se aproveitou do fato de que a mídia estava ocupada cobrindo outros assuntos — o terremoto de Tal-Tal, a última rodada na arena política e a corrida espacial entre os Estados Unidos e a União Soviética — para reverter a gravíssima sentença e deixar a homicida a salvo do fuzilamento. Os juízes de alçada questionaram os exames toxicológicos, o procedimento de exumação dos cadáveres e a violência com que Alfaro havia sido interrogada pela polícia, e sustentaram que não tinha sido verificado o corpo de todos os delitos. Só era possível condenar Alfaro por um homicídio consumado e um frustrado, então, o resultado foi uma redução considerável da pena, para dezenove anos de prisão.

Depois de ouvir sua condenação, María Teresa Alfaro foi levada por dois guardas para a mesma prisão de mulheres na qual anos antes Carolina Geel havia escrito seu famoso livro. E, longe de Buin, a salvo dos flashes das câmeras e seguindo uma rotina rigorosa, Teté cumpriria pouco mais da metade de sua condenação. Ela ainda tinha nove anos de reclusão pela frente quando recebeu em sua cela a notícia da sua libertação por boa conduta. Uma década atrás das grades havia sido suficiente para permitir que seu caso fosse arquivado atrás das fechaduras e das correntes da frágil memória nacional. E, no silêncio desse esquecimento, tanto Alfaro quanto seus empregadores tentaram reconstruir a vida. Magaly Ramírez e Sergio España se empenharam em apagar de alguma forma, de qualquer modo, todos os traços de Teresa Alfaro. Nunca mais contratariam uma empregada doméstica, se recusariam a mudar de cidade e, depois de um tempo, teriam exatamente três filhos. E María Teresa Alfaro Hidalgo se tornaria esposa e mãe e trabalharia dia após dia em uma feira livre, indo de praça em praça, de cidade em cidade, mas longe, sempre longe, do seu solitário quartinho de serviço.

O teatro do castigo

Na primeira vez que fui à Biblioteca Nacional procurar notícias sobre esses casos, fiz o que muitos leitores fariam: começar pelo fim. Era difícil resistir à curiosidade sobre o destino das homicidas, e eu intuía que as condenações diriam ainda mais do que os motivos de seus crimes. O resultado de minha busca me daria razão: Corina Rojas, indultada. Rosa Faúndez, caminhando pelas ruas depois de alguns anos de prisão. María Carolina Geel, indultada. María Teresa Alfaro, de volta a Buin depois de uma década na prisão.

As célebres homicidas não haviam terminado seus dias em uma masmorra ou sido mortas com uma bala no coração. Um desenlace surpreendente à luz da gravidade de seus crimes e das reportagens que, desde o início, respaldaram as punições mais severas. Teriam sido salvas porque eram mulheres? O indulto era um gesto tortuoso de cavalheirismo? O paredão de fuzilamento teria sido um sinal de igualdade?

No mundo inteiro, apenas 5% dos homicídios são cometidos por mulheres, portanto, traçar equivalências entre as sentenças de umas e de outras pode levar a equívocos desnecessários. Nos Estados Unidos, onde ainda vigora a pena capital, 54 mulheres foram executadas desde 1900 e não faltam aqueles que exibem essa cifra como um triunfo: iguais na vida, iguais na morte, dizem, sem considerar o menor número de infratoras mulheres nem o total de homens executados durante o mesmo período: mais de 8 mil. O caso do Chile é muito diferente. Na dolorosa história da pena capital, revogada apenas em 2001, não houve uma única mulher fuzilada. Um total de 55 homens, todos condenados por homicídio, caminhou pelo patíbulo em tempos de normalidade constitucional, e nenhuma mulher. Suas condenações, sem exceção, foram seguidas por algum tipo de clemência. Por que o Estado indultou, repetidas vezes, as homicidas? O que se esconde por trás da aparente graça do perdão?

Em seu magnífico ensaio sobre crime e literatura, Josefina Ludmer reflete sobre as conotações simbólicas das mulheres violentas. "A expressão 'mulheres que matam'", observa ela, "não apenas indica uma ação feminina no crime, mas é sobretudo uma expressão que se refere a um tipo de mulher que produz nos homens uma morte figurada porque tem alguma coisa: armas." E o que se faz com uma mulher armada — seja executá-la ou perdoá-la, seja colocá-la atrás das grades ou libertá-la — tem profundas consequências.

Fuzilar uma mulher homicida implica admitir uma realidade que a sociedade se empenhou por séculos em negar. Algemá-la, vendar-lhe os olhos e levá-la até o paredão sob o olhar atento de jornalistas e curiosos supõe reconhecer que essa mulher existe e é responsável por seus atos. Não é histérica, não está doente, não é uma louca de pedra. Apertar o gatilho e executá-la é aceitar, na realidade, na imaginação e na linguagem, um sujeito sistematicamente negado. E essa admissão, se tivesse ocorrido, teria causado o questionamento de um modelo de gênero que teima em repetir que as mulheres são passivas, prudentes, sacrificiais, amorosas e, acima de tudo, inofensivas.

Diante desse cenário perigoso, o perdão aparece como uma alternativa melhor. Diversas vezes é concedido quando o caso já perdeu ressonância pública e requer pouco mais do que uma simples assinatura do presidente. E longe, muito longe de ser um gesto cavalheiresco, serve a propósitos mais intrincados. Enquanto liberta a transgressora e a protege da morte, o perdão reforça os fundamentos simbólicos da desigualdade de gênero e desativa o poder latente na mulher homicida. O presidente, ao aprovar o decreto na solidão de seu escritório, afirma nas entrelinhas o seguinte: nós a indultamos porque você não representa nenhuma ameaça ou porque sua ameaça não é de fato tão grave para que atiremos em você ou até mesmo para que fique atrás das grades. Nós a indultamos, senhora, porque você não é nada mais do que uma mulher. E é, de fato, uma mulher desarmada.

Desarmar a transgressora era uma tarefa urgente diante de homicídios tão impactantes quanto os cometidos por Corina Rojas, Rosa Faúndez, María Carolina Geel e María Teresa Alfaro. E os tribunais não estavam sozinhos nessa tarefa. A imprensa desempenhou um papel de protagonismo, e muitos artistas e escritores, querendo ou não, também se tornaram parte dessa manobra. Através de notas em jornais, editoriais, panfletos, romances, poemas, canções e peças de teatro, artistas e repórteres participaram do processo de desarmamento e normalização. E quase sempre conseguiram o que buscavam: disciplinar, por meio do ciúme, do amor, da loucura ou da clemência, a mulher insubordinada.

Um papel igualmente vital seria cumprido pelas fotografias. Fotografar é ver. E ver é enquadrar, é definir. Uma imagem é capaz de absolver ou condenar. Pode ser uma forma velada de punição ou uma maneira oblíqua de fazer cumprir a lei. E as lentes enfocariam e as câmeras disparariam repetidas vezes para capturar (que valha a palavra) as quatro homicidas. Os jornais mais conservadores imprimiram ao lado de suas reportagens retratos em primeiro plano das acusadas. Mulheres com rosto, mas sem corpo, sem mãos capazes de empunhar uma arma, sem pernas que pudessem levá-las longe e, sobretudo, sem pano de fundo, sem cidade, longe da assustadora possibilidade de ultrapassar a moldura da foto e de contaminar as ruas com suas incômodas presenças. Outros jornais e revistas escolheram imagens mais comprometedoras que desempenham um papel semelhante em casos de infratores homens e mulheres. São fotografias similares às que hoje em dia vemos nos jornais, nas quais as homicidas estão do lado de fora, mas cercadas pelos representantes da lei: homens que as pegam pelo braço ou cotovelo e que, uniformizados, as assediam, custodiam e dirigem, fazendo-as parecer frágeis e envergonhadas. A pena, desde o primeiro momento, buscava surtir seu principal efeito: um efeito dissuasivo sobre aquelas que não haviam cometido nenhum delito. A assassina, de cabeça baixa, sob echarpes e lenços que a tornavam invisível, era a melhor dissuasão para outras delinquentes. Às potenciais assassinas, isto é, *a todas as mulheres*, aguardava um verdadeiro calvário que era prudente evitar.

As legendas dessas fotografias dirigem nosso olhar. Elas dizem, de forma sucinta, para onde direcionar o foco: "transferida para a prisão feminina", "escoltada para o tribunal", "levada para um novo interrogatório". As legendas apontam para um verbo: mover. Levar embora, tirá-las dos holofotes o mais rápido possível. Esse, no fim, era o objetivo da clemência. Evitar um fuzilamento que convertesse as homicidas em mártires ou santas. Retirar da luz pública essas mulheres perigosas e relegá-las, o quanto antes, a um território sombrio. Uma zona intermediária, entre o passado e o presente, entre o real e o irreal, onde continuariam rondando à espera de serem chamadas

Corina Rojas sendo transferida para o tribunal.

Rosa Faúndez escoltada por vários membros da equipe de investigação.

María Carolina Geel escoltada por policiais chilenos na saída do hotel Crillón.

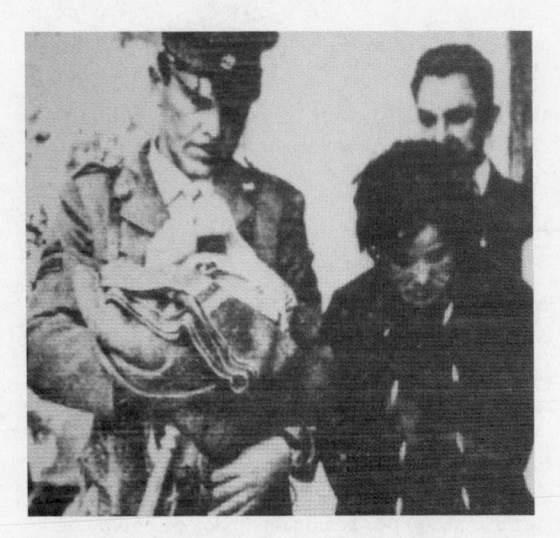

Teresa Alfaro sob custódia de um policial.

de volta à cena do crime. E, nos palcos do teatro, nas telas dos cinemas, nas páginas de romances e de contos, em poemas e canções, essas mulheres reapareceriam ao longo de todo o século 20 para enfrentar, repetidas vezes, o castigo ou o perdão: um perdão destinado a desarmá-las ou um castigo que tende a relativizar a autoria feminina.

Mas entre a clemência e o castigo há uma terceira possibilidade: levar a sério a violência perpetrada pelas mulheres. Se a história do feminismo, como adverte Sara Ahmed, é uma história de transgressão, incorporar as desobedientes, as contestadoras, as problemáticas e também as homicidas é uma tarefa necessária. Os casos extremos, parafraseando a crítica Susanne Kord, servem para questionar aquilo que consideramos normal, e esse questionamento é, hoje, um gesto de sobrevivência.

Compreender esses casos e suas causas não significa endossar os crimes nem buscar impunidade para as autoras. Examinar os arquivos e as obras que inspiraram não é uma mera indiscrição, mas uma das formas mais claras de ver em ação as leis que regulam a feminilidade e que prescrevem quais espaços podemos ocupar e quais não podemos, o que pode ser dito e quais palavras são indizíveis, quais emoções são aceitáveis e quais são inaceitáveis. A violência feminina põe em xeque as normas que definem o que é ser mulher e permite revisar criticamente as invisíveis leis de gênero. Essas leis que homologam o feminino à debilidade e à submissão e que alimentam todos os dias a desigualdade e a violência. E essas leis, ainda mais do que aquelas escritas em códigos e regulamentos, desempenham um papel fundamental no teatro do castigo. Ali, nos corredores dos tribunais, é julgado não só o crime penal, mas um gravíssimo crime de gênero. E esse julgamento não afeta apenas as homicidas. Quando uma mulher que mata é levada ao tribunal, quando sobe as escadas que conduzem ao estrado e atravessa seus longos corredores para enfim ouvir o temido veredicto, ela nunca está sozinha. De mãos dadas com Corina Rojas, seguindo o passo firme de Rosa Faúndez, ao lado de María Carolina Geel e junto de María Teresa Alfaro, todas nós mulheres subimos as mesmas escadas, caminhamos por corredores idênticos, entramos no mesmo tribunal e, sentadas no banco dos réus, fitando os olhos de um juiz que nunca é apenas um, que é na realidade o grande júri da sociedade, enfrentamos todas juntas o peso da lei.

Ecos

O que é um eco? O que lhe dá origem? Como descrever o vazio que o propaga? Neste livro, decidi chamar de *ecos* as produções culturais derivadas de assassinatos perpetrados por mulheres para representar graficamente as *ressonâncias* produzidas pelo crime feminino. Esse nome, como todo nome, não é aleatório, provém de um mito coletado por Ovídio em *As metamorfoses*. Eco, de acordo com essa história, teria sido condenada pelos deuses a um castigo incomum: imitar para sempre as últimas palavras que escutava. Como consequência dessa sanção, Eco se transforma aos poucos em pura voz, mas sua paradoxal condenação consiste em jamais ter voz própria. Repetir: esse é seu castigo. Uma condenação semelhante à vivida pela mulher violenta em nossa cultura, sentenciada a um silêncio que é preenchido, repetidas vezes, pelas mesmas palavras significativas: "bruxa", "vampira", *"femme fatale"*, "histérica", "louca", "ciumenta", "Medeia", "Quintrala". Ecos que nos impedem de desvendar as complexas arestas de comportamentos tão opacos e cifrados quanto a violência feminina em um contexto que ainda define *ser mulher* como sinônimo de passivo, dócil, serviçal ou sacrificial. Por que esse fenômeno ocorre? Que tipo de vazio cultural permite uma repetição tão insistente? *As homicidas* ensaia respostas a essas perguntas, centrando-se na representação da mulher criminosa e de seu avassalador poder normativo.

Os ecos dos quatro casos que examino neste livro muitas vezes foram ouvidos fora de seu tempo. Corina Rojas cometeu assassinato em 1916 e o escritor Carlos Droguett retomou-o em um romance nos anos 1950. Rosa Faúndez protagonizou um violento crime em 1923 e o diretor e ator Alfredo Castro reviveu o caso apenas no início dos anos 1990. María Carolina Geel viu seu assassinato se multiplicar em histórias e crônicas até o começo do século 21, apesar de tê-lo protagonizado no remoto ano de 1955. E a série de assassinatos cometidos por María Teresa Alfaro no início dos anos 1960 foi reexaminada em 2019 por este meu livro. Um ensaio que, uma vez publicado, produziu alguns ecos que eu, nesta nota, retomo e escuto para escrever algumas reflexões.

Em tempos agitados como estes, em que os espaços para o pensamento foram reduzidos de modo preocupante, um livro de ensaios que se dedica a um tema pouco explorado e até tabu corre o risco de ser objeto de leituras curiosas. Estamos acostumados com o conforto das dicotomias, e a reflexão se afastou de zonas difíceis, em que se colocam, penso eu, algumas questões fundamentais para entender o presente. Em *As homicidas*, preferi voltar a esse tipo de reflexão e transitar por um caminho sinuoso, cheio de obstáculos, no qual mais de uma vez me encontrei sem respostas. Quis segui-lo animada pela convicção de que abordar o tema da mulher assassina pode contribuir para um debate necessário sobre os papéis femininos muito além do estritamente criminal. Um *feminino* que nestes tempos está em plena transformação e que é necessário continuar interrogando sob diferentes registros e perspectivas.

Este é um livro que levei vários anos para escrever. Anos em que não só li uma extensa bibliografia teórica, como também mergulhei nos arquivos para encontrar materiais até então iné-ditos. No momento da escrita, tive em mente uma gama de ante-cedentes textuais e as representações culturais que encontrei na esfera pública sobre essas perpetradoras. Nos casos de Corina Rojas e María Carolina Geel, isso significou vasculhar por meses até encontrar sentenças judiciais perdidas há décadas. No caso de Rosa Faúndez, grande parte dos antecedentes de seu caso ti-nha sido apagada pela passagem do tempo, e esta é a primeira vez que se leem em conjunto suas múltiplas produções culturais. E, no caso de María Teresa Alfaro, tinha diante de mim várias fontes: notas de jornais de diferentes perfis, materiais judiciais incluídos no Anuário da Jurisprudência de 1966 e a única entre-vista publicada sobre esse caso depois de 45 anos de silêncio.

Esclareço o tipo de pesquisa que precedeu a escrita deste livro e as fontes que a alimentaram para reafirmar um ponto que, embora evidente, parece necessário enfatizar em tempos tão propensos a literalidades: este ensaio trabalha com as *re-presentações discursivas* da mulher criminosa. Ou seja, minhas histórias, reflexões, perguntas e conjecturas são lançadas sem-pre sobre o que a imprensa disse, o que juízes e médicos afir-maram, o que vários artistas propuseram ou interpretaram. As palavras de magistrados, escritores, vítimas e vitimizadoras só foram consideradas e examinadas na medida em que entra-ram nos discursos *públicos*. O que não fazia parte do terreno da representação, o que foi mantido em segredo ou na esfera privada, não faz parte deste livro. Meus materiais são os textos, os indícios, os discursos. E minhas ferramentas são a leitura, o pensamento, a escrita.

Com base nessa pesquisa, em meu próprio olhar e em uma vasta bibliografia, escrevi cada capítulo, incluindo o intitula-do "Como se fosse da família". Trata-se, é desnecessário dizer, de um ensaio em que me concentro para desvendar a resposta judicial e midiática aos assassinatos cometidos por María Teresa Alfaro e que deixaram a sociedade chilena perplexa nos anos 1960. A resposta discursiva a esse caso repousou, como tantas vezes, no ciúme, na maldade e na suposta loucura da acusada, mas também encontrei uma série de elementos que me permitiram formular outra interpretação. Ou seja, outra leitura. E eu falo de uma "releitura" porque é a palavra que mais precisamente descreve meu trabalho neste livro. *Reler*: o trabalho feminista por excelência, nas palavras da poeta e ensaísta Adrienne Rich. Foi o que fiz com María Carolina Geel, um caso descrito à exaustão como crime passional; com Rosa Faúndez, identificada como masculina, a fim de tranquilizar a sociedade chilena; e com Corina Rojas e sua equívoca relação com o amor. Em todos esses marcos criminais, releio textos, vídeos, fotografias, músicas, desmascaro certas operações normativas e as questiono no presente. Minha leitura é sobre a verdade judicial? Não. A verdade judicial sobre cada um desses casos, incluindo o das "mamadeiras envenenadas", foi estabelecida pelos tribunais de justiça. Meu ensaio, como todo ensaio, interroga, conjectura, reflete e associa de um ponto de vista particular, o meu. E, embora neste caso meu olhar possa ser incômodo e até doloroso, essa dor e esse incômodo não podem impedir a reflexão, a circulação de ideias ou supor o descrédito de um trabalho que eu não decidi publicar levianamente. Este livro não é sobre a dor das vítimas, uma dor que em nenhum momento eu poderia questionar ou minimizar. Trata-se, ao contrário, da *representação das vitimizadoras*, que eu volto sempre a questionar.

Neste ensaio, releio os crimes cometidos por María Teresa Alfaro como um atentado contra a instituição familiar e como uma disputa em torno dos papéis de mãe, de esposa e de profissional. Classe e gênero são, em meu entender, cruciais para desvendar a série de homicídios e, nessa linha, reitero minha posição sobre o papel que o aborto deveria ter desempenhado como motivo para o crime, posição que se baseia nos fatos registrados nas matérias da imprensa, nos depoimentos da própria ré e nas declarações dos peritos do Instituto Médico Legal reproduzidos na sentença judicial. É um ponto que foi silenciado na época e que continua a ser silenciado no Chile de hoje. Por outro lado, gostaria de esclarecer que, na época em que fiz a pesquisa, Magaly Ramírez estava viva, mas ela faleceu antes que este livro fosse publicado.

Outros aspectos foram discutidos, incluindo o próprio fato de escrever um livro como este. Ou seja, questionaram se é apropriado interpretar, reler, refletir e publicar sobre casos tão dolorosos. *As homicidas* é um texto explícito em suas operações, em suas conjecturas e silêncios, e que deve fazer seu próprio percurso. Não posso atender àqueles que argumentam que não é legítimo realizar uma releitura desses casos porque, nesse ponto, nossa discordância é retumbante. Acredito na liberdade intelectual, e que é possível e até mesmo necessário reler cada incidente da história pública de um país, sobretudo quando nos permite refletir sobre aspectos relevantes para o presente. E acredito que a série de assassinatos perpetrados por María Teresa Alfaro nos anos 1960 evidencia a feição do Chile do século 21: um país com dois pesos e duas medidas sobre o aborto, acessível e seguro para algumas e arriscado para outras, no qual a desigualdade e as disputas de classe permanecem fundamentais e onde a questão formulada por meu livro continua a ser extremamente atual: quem tem o direito, nas palavras de Judith Butler, a uma vida vivível e quem não tem.

Agora volto ao mito de Eco para uma reflexão final. Devia ter repetido no meu livro a narrativa profundamente normativa criada pelos tribunais? Devia replicar as palavras da imprensa sensacionalista e me tornar parte desse insistente eco que redireciona mulheres assassinas, e em geral todas as transgressoras, a modelos que as despojam de atuação, de vontade, de poder? Devia voltar a dizer que se tratava de mulheres histéricas, loucas, ciumentas ou malvadas? Esse é, por acaso, o papel de um livro de ensaios? Repetir, tornar-se eco?

Este livro questiona sobretudo as representações de mulheres violentas. Por quê? Qual é o sentido de desvendar essas ressonâncias? As respostas são muitas, mas voltarei ao mito para ilustrar meu ponto. *As homicidas* é um ensaio que, a partir da reflexão, busca uma saída para a condenação de Eco. Uma fuga do poder normativo da representação da mulher criminosa, como estratégia para desmantelar outros discursos intensamente prescritivos em torno do "feminino" em geral. Jacques Derrida, em sua releitura desse mito, lança uma pista que procurei seguir com atenção. Ele argumenta que a condenação de Eco é enganosa e está longe de ser singular. Todos nós sempre repetimos uma linguagem que nos precede. Assim, Eco, a rigor, não participa de uma mera repetição involuntária. De acordo com essa brilhante reinterpretação, Eco espera pacientemente até ouvir os sons que lhe permitem dizer o que *ela* quer dizer. Quando os ouve, ela se apropria deles e fala. Narciso, seu amado, diz reunamo-nos, Eco diz unamo-nos. A resposta de Eco é um fragmento que se transforma em uma nova palavra, uma palavra própria e original. Eco, assim, recupera uma voz. Sua voz. E eu, neste livro, tento ouvir essas outras vozes e desvendar, caso a caso, as palavras que se escondem sob o ruído que rodeou e permanece rodeando as mulheres criminosas e que nos impede de ouvir o que está por trás de seus eloquentes disparos.

Santiago do Chile
Abril, 2019

Agradecimentos

Por sua natureza, este livro exigiu o apoio de inúmeras instituições. Os funcionários do Arquivo Nacional do Chile, do Arquivo Nacional da Administração do Estado, do Arquivo Judicial e da Corte de Apelação de Santiago, gostaria de reconhecê-los por seu profissionalismo. Em particular, Paulina Olivos, encarregada da seção de jornais da Biblioteca Nacional, cujo apoio na busca da sentença judicial de María Carolina Geel foi imprescindível.

Muitas pessoas contribuíram em distintas etapas deste projeto. Claire Lindsay, que supervisionou a pesquisa enquanto fazia parte de meus estudos de doutorado, foi fundamental. A María Delgado e Catherine Boyle, um agradecimento especial por suas críticas e comentários. Também a Marianne González Le Saux, que compartilhou comigo seus conhecimentos sobre a história das mulheres e me enviou os arquivos sobre o crime. Todos os materiais correspondentes à obra de teatro *Historia de la sangre* foram gentilmente fornecidos por seu diretor, Alfredo Castro. A reprodução das fotografias da exibição "El caso de las cajitas de agua" foi autorizada por sua autora, Josefina Guilisasti. Andrea Torres Viedma teve a gentileza de me enviar os vídeos de sua obra *Lecturas de un crimen en tercera persona*, e Jorge Iturriaga me orientou em matéria de cinema chileno. A Diamela Eltit agradeço por ter me guiado no caso de María Teresa Alfaro, e a Lina Meruane, por sua acurada leitura do manuscrito deste livro. A Luisa Urrejola, Giuseppe Caputo, Rocío Lorca, Deborah Martin, Jorge Boldt, Marcelo Morales, Alika Sukni, Carla Rivera, Camilla Sutherland, Alejandra Costamagna, Paz Irarrázabal, David Ponce, Hugo Neira, Melanie Jösch, Vicente Undurraga, Juan Eduardo García-Huidobro, Felipe Armstrong e Leticia Blanco, obrigada por me ajudar a dispor este trabalho no melhor caminho. Por fim, gostaria de agradecer a meu irmão, Sergio, e a meus pais, Faride Zerán e Sergio Trabucco, por seu imprescindível apoio. E a Paula Porroni. A ela, devo muito mais do que o título deste livro.

Notas

Este livro teria sido impossível sem as brilhantes descobertas de Judith Butler e Josefina Ludmer, de Michel Foucault e Silvia Federici, de Sara Ahmed, Doris Sommer, Olga Grau, Susanne Kord, Raquel Olea, Nelly Richard, Belinda Morrissey e Sonia Montecino, entre muitas outras que leio com a avidez e a alegria de quem aprende uma nova língua. A seguir, menciono as obras citadas em cada capítulo e indico as fontes de diversas ideias e reflexões.

PRÓLOGO: FORA DA LEI

Especialmente relevante para a redação desta introdução foi a leitura de Judith Butler, *El género en disputa*; Josefina Ludmer, *O corpo do delito: um manual*; Mary Beard, *Mulheres e poder: um manifesto*; Sara Ahmed, *The Promise of Happiness*; e Belinda Morrissey, *Women Who Kill*. Além disso, boa parte do que foi escrito sobre La Quintrala, em especial os trabalhos de Olga Grau, Rosa Sarabia, Bernardita Llanos, Alicia Muñoz e Ivonne Cuadra, me ajudou a elaborar as conjecturas que formulo nestas páginas.

Como aponta Luce Irigaray, a mitologia subjacente ao patriarcado não sofreu nenhuma mudança. Portanto, também foi crucial ler a magnífica literatura sobre Medeia e Lady Macbeth, sobre bruxaria e as *femmes fatales*. Citarei essas obras nos próximos capítulos.

Por fim, e embora neste livro eu me concentre em homicídios comuns, recomendo a leitura de *Mujeres guerrilleras*, de Marta Diana, e de *Chilenas en armas*, de Cherie Zalaquett, para investigar questões de gênero e violência política.

"UM MORTO PARA O CORAÇÃO": CORINA ROJAS

Os antecedentes narrados, incluindo as declarações dos protagonistas, são provenientes da sentença de primeira instância contra Corina Rojas González e da sentença da Corte de Apelação de Santiago contra Jorge Sangts Frick, ambas inéditas até o momento. O material se encontra atualmente no Arquivo de Administração do Estado, seção de decretos, Ministério da Justiça, caderno 2 902, 1918, número 1 702-1 732. Corresponde ao pedido de indulto de 1990 e ao decreto 1 702.

O laudo médico-legal dos médicos Orrego Luco, Lea-Plaza, J. Letelier e Muñoz Labbé, de 29 de fevereiro de 1916, foi encontrado no Arquivo Nacional do Chile, como documento adjunto em uma ação movida pelos médicos de Corina Rojas contra o Município de Santiago para a cobrança de seus honorários. Encontra-se na caixa 1 832, arquivo 29.

As citações de notícias correspondem aos seguintes jornais:

"Horroroso crimen en Santiago", *El Mercurio*, 23 jan. 1916, primeira página.

"El sensacional crimen de la calle Lord Cochrane", *Las Últimas Noticias*, 24 jan. 1916, primeira página.

"El crimen de la madrugada del sábado", *El Mercurio*, 26 jan. 1916, seção criminal.

"Nuevo y misterioso giro que toma el proceso", *Las Últimas Noticias*, 25 jan. 1916, seção criminal.

"La doble personalidad", *Corre-Vuela*, 9 fev. 1916, seção policial.

"El crimen de la calle Lord Cochrane: entrevista con Corina Rojas", *El Mercurio*, 29 jan. 1916, primeira página.

"La misión de la prensa no es mentir", *Zig-Zag*, 5 fev. 1916, seção policial.

"El proceso por el crimen de la calle Lord Cochrane toca su fin", *Corre-Vuela*, 12 dez. 1917, seção policial.

"Indultada Corina Rojas", *El Mercurio*, 23 dez. 1922, seção criminal.

"Indulto", *El Diario Ilustrado*, 23 dez. 1922, seção criminal.

Cruciais para a redação deste capítulo foram os livros de Susanne Kord, *Murderesses in German Writing*, em particular suas reflexões sobre adultério como antecedente da conduta delitual; Lizzie Seal, *Women, Murder and Femininity*; Josefina Ludmer, *O corpo do delito: um manual* e "Las tretas del débil"; e Ivonne Jewkes, *Media and Crime*. Sobre racismo no Chile, recorri a textos de Sonia Montecino e Enricka Beckman, citados na bibliografia, além de Josefina Correa Téllez, "La inmigración como 'problema' o el resurgir de la raza". Sobre adultério e fidelidade, ver: Doris Sommer, Riet Delsing e Myriam Jimeno. Em matéria de bruxaria: Sonia Montecino, *Brujas y hechiceras*, e mais uma vez Silvia Federici. Sobre o caso específico de Corina Rojas e outras mulheres delinquentes, recomendo o trabalho de Carla Rivera, que se dedica a examinar a imprensa do início do século 20. Sobre o cinema chileno, e em particular sobre *La baraja de la muerte*, especialmente exaustivo é Jorge

Iturriaga, *La masificación del cine en Chile 1907-1932* e "Rentabilidad y aceptación: La imagen de Chile en el cine argumental, 1910-1920". Além disso, recorri às pesquisas de Wolfgang Bongers, Alberto Santana, Marcelo Morales, Eduardo Santa Cruz, María José Torrealba, Ana María Ledezma e Fernando Purcell. E, no cruzamento entre cinema e feminismo, Annette Kuhn e Laura Mulvey. Sobre o amor e, em particular, a relação entre amor e olhar: Beatriz Sarlo, *El imperio de los sentimientos*, e o capítulo sobre o amor de Simone de Beauvoir em *O segundo sexo*. Também sobre amor e feminismo: Lynne Pearce e Jackie Stacey, Linda Williams, Janice Radway, Rosalind Blunt e a sempre lúcida Sara Ahmed. Por fim, sobre a história das mulheres no Chile: Julieta Kirkwood, *Feminismo y participación política en Chile*; Diamela Eltit, *Crónica del sufragio feminino en Chile*, além dos livros abaixo citados de Asunción Lavrin, Pieper Mooney e Elizabeth Hutchinson.

"SOB O IMPÉRIO DA CÓLERA": ROSA FAÚNDEZ

O relato desse caso é baseado na sentença judicial de primeira instância, proferida em 13 de março de 1925. Essa sentença foi encontrada na *Gaceta de los Tribunales*, primeiro semestre do ano de 1925, pp. 524-33. Está disponível na Biblioteca Nacional do Chile. No mesmo livro consta a sentença da Corte de Apelação, ditada em 14 de julho de 1925.

As notícias sobre esse homicídio foram extraídas dos seguintes jornais e revistas:

"Nuevos datos sobre el crimen sensacional de ayer", *Las Últimas Noticias*, 8 jun. 1923, seção criminal.

"El sensacional crimen descubierto ayer", *El Diario Ilustrado*, 8 jun. 1923, primeira página.

"Algunas interesantes pistas en el sensacional crimen", *Las Últimas Noticias*, 9 jun. 1923, seção criminal.

"María Vargas da a conocer sus relaciones con los protagonistas de la tragedia", *El Mercurio*, 15 jun. 1923, seção criminal.

"El misterio del mutilado de la calle Germán Riesco", *El Diario Ilustrado*, 12 jun. 1923, primeira página.

"El hallazgo de la cabeza y de la otra pierna del descuartizado", *Las Últimas Noticias*, 11 jun. 1923, seção criminal.

"Una mujer enfurecida por los celos fue la protagonista de la horrible tragedia", *El Mercurio*, 10 jun. 1923, capa.

"Rosa Cavieres ante el cadáver de su víctima", *El Mercurio*, 26 jun. 1923, seção criminal.

"Las diligencias judiciales alrededor del crimen de la calle Santa Rosa", *El Mercurio*, 17 jul. 1923, seção criminal.

"El crimen de la casita nº 12", *El Mercurio*, 15 ago. 1923, seção criminal.

"María Rosa Faune implanta la dictadura en la casa correccional", *El Diario Ilustrado*, 27 maio 1924, seção criminal.

"La reconstitución del crimen del hombre descuartizado", *El Mercurio*, 11 jun. 1923, seção criminal.

"A la una de la madrugada de hoy se descifra el misterio del mutilado de la calle Germán Riesco", *El Diario Ilustrado*, 10 jun. 1923, seção criminal.

"Algunas interesantes pistas en el sensacional crimen", *Las Últimas Noticias*, 9 jun. 1923, seção criminal.

Sobre o mito da passividade feminina, ainda tão vigente: Hélène Cixous e Luce Irigaray, bem como textos de Olga Grau e Nelly Richard, mencionados na bibliografia. A ideia de mulher masculina como mulher fracassada está em Lizzie Seal. O tema do corpo fragmentado na história da arte tem uma extensa bibliografia. Relevantes sobretudo para escrever esse texto foram os livros de Linda Nochlin, Rina Arya e Pamela June. Sobre a abjeção: Georges Bataille, Rina Arya, Julia Kristeva e Hal Foster. E sobre a relação entre abjeção e sujeitos populares: Imogen Tyler, Sara Ahmed e Martha Nussbaum. A citação à carta dos jornaleiros ambulantes provém do livro de Jorge Rojas *Los suplementeros: Los niños y la venta de diarios*. Sobre o assassinato como obra de arte, foi essencial a leitura de Thomas de Quincey e Joel Black. E, sobre a capacidade do homicídio de criar sua própria audiência, a pesquisa do historiador mexicano Pablo Piccato. Em matéria de memória e pós-ditadura foi imprescindível recorrer ao trabalho de Nelly Richard, Idelber Avelar, Willy Thayer e Tomás Moulian. E, sobre a obra *Historia de la sangre*, os textos de Jorge Dubatti, Soledad Lagos e Damián Noguera. A entrevista com Francisca Lombardo foi intitulada "El crimen: Más que una historia de sangre" e foi publicada na revista *Ya*, em 21 de julho de 1992. Por fim, para a análise da obra de Josefina Guilisasti foram esclarecedoras as reflexões de Norman Bryson e Rosalind Krauss.

"APROXIMAR-SE DO SILÊNCIO": MARÍA CAROLINA GEEL

A sentença judicial contra Geel emitida pela Primeira Vara do Crime de Santiago em 30 de novembro de 1955, fólio 61200, está hoje no Arquivo Nacional da Administração, Ministério da Justiça, caderno de decretos nº 9239. A sentença judicial da Corte de Apelação de Santiago, de 4 de maio de 1956, está no mesmo caderno.

O diário íntimo de María Carolina Geel está disponível no Arquivo do Escritor da Biblioteca Nacional do Chile.

A imprensa citada corresponde às seguintes fontes:

"Dramático epílogo de un romance", *Vea*, 19 abr. 1955, reportagem central.

"Hecho de sangre en hotel céntrico", *El Mercurio*, 15 abr. 1955, seção criminal.

"Sangriento té del hotel Crillón", *Clarín*, 16 abr. 1955, contracapa.

"La tragedia de la escritora María Carolina Geel", *El Expreso*, 26 maio 1999, página interna.

"La tragedia del hotel Crillón", *Vea*, 20 abr. 1955, reportagem central.

"¡Será absuelta!", *Clarín*, 29 mar. 1956, primeira página.

"Mató a Pumarino para vender su libro", *Clarín*, 5 abr. 1956, reportagem central.

"Lo que dice María Carolina en el libro es cierto: Yo autoricé publicación", *Clarín*, 29 mar. 1956, reportagem central.

"Vida y perfil de María Geel: La escritora que mató", *Clarín*, 15 abr. 1955, seção criminal.

"María Carolina Geel precipitó la guerra santa en la correccional", *Clarín*, 24 mar. 1956, seção criminal.

"Tres años y un día", *Clarín*, 5 maio 1956, página interna.

"Asesinato y locura en el hotel Crillón: Mató a su amante y luego bebió su sangre", *Clarín*, 15 abr. 1955, página interna.

"Primer mandatario aceptó petición de Gabriela Mistral", *El Mercurio*, 14 set. 1956, página interna.

Para uma interpretação da *femme fatale* do ponto de vista do feminismo, recorri a textos de Rebecca Stott, Mary Ann Doane e Erika Bornay. Sobre *Cárcel de mujeres*, por sua vez, já foi publicado abundante material. Especialmente interessante foi a leitura dos ensaios de Raquel Olea, Diamela Eltit, María Helena Rueda, Pamela Baeza, Bernardita Llanos, Marina Alvarado e Caridad Tamayo. Quem desenvolveu de maneira mais extensa o tema da confissão no direito penal foi Michael Foucault em seus livros *Abnormal: Lectures at the Collège de France 1974-1975* e *Wrong-*

-Doing, Truth-Telling: The Function of Avowal in Justice. A carta de Mistral para Geel se encontra no livro *Epistolario americano: Gabriela Mistral y su continente*. E o texto de Alejandra Costamagna "Cinco balas y un día" foi publicado em *Cruce de peatones*.

"COMO SE FOSSE DA FAMÍLIA": MARÍA TERESA ALFARO

A sentença judicial contra María Teresa Alfaro, emitida pelo juiz de instrução Julio Aparicio em 5 de abril de 1965, encontra-se no Anuário de Jurisprudência de 1966, pp. 376-442.

A imprensa citada no corpo do texto corresponde aos seguintes jornais:

"Encargada reo por cuatro homicidios calificados y otro frustrado", *El Diario Ilustrado*, 16 nov. 1963, primeira página.

"La empleada doméstica confesó ante el Magistrado en Visita ser autora de los homicidios", *El Mercurio*, 14 nov. 1963, seção nacional.

"La asesina de las mamaderas envenenadas", *Vea*, n. 1281, 14 nov. 1963, primeira página.

"Detenida empleada doméstica acusada de haber envenenado a tres menores y un adulto", *El Mercurio*, 11 nov. 1963, primeira página.

"Se acumulan antecedentes para condenar a muerte a Alfaro", *El Diario Ilustrado*, 18 nov. 1963, primeira página.

"Los 4 horrendos crímenes de la niñera", *Vea*, n. 1281, 14 nov. 1963, seção criminal.

"La envenenadora confesó sus crímenes", *Las Últimas Noticias*, 11 nov. 1963, primeira página.

"Caso de Buin: Autopsia clave", *Las Últimas Noticias*, 13 nov. 1963, primeira página.

"Sometida a un examen médico la extraña homicida de Buin", *El Diario Ilustrado*, 17 nov. 1963, seção criminal.

"La 'Envenenadora' confesó sus crímenes", *Las Últimas Noticias*, 14 nov. 1963, seção criminal.

"Dramáticos enigmas rodean cuádruple envenenamiento", *Vea*, 21 nov. 1963, seção criminal.

"Fue condenada a muerte la Teté", *El Diario Ilustrado*, 6 abr. 1965, primeira página.

"Todo está claro en el caso de la envenenadora", *El Diario Ilustrado*, 14 nov. 1963, seção criminal.

Na época em que fiz a pesquisa, Magaly Ramírez estava viva, mas faleceu antes deste livro ser publicado. Sobre a contratação de empregadas domésticas, na única entrevista dada por Magaly Ramírez depois de quatro décadas de silêncio, a jornalista Margarita Serrano indica: "só comiam o que ela cozinhava, nunca mais teve uma empregada na cozinha" (revista "Sábado", *El Mercurio*, 1º abr. 2006).

Em termos teóricos, para os interessados em uma perspectiva crítica da família como núcleo central da sociedade, ver o livro já mencionado de Karin Rosemblatt. Sobre feminismo nos anos 1950 e 1960, foi fundamental conferir as pesquisas de María Angélica Illanes, Julieta Kirkwood e Gwynn Thomas. Sobre as mulheres como mães, esposas e filhas: Julia Kristeva, "Stabat Mater"; e Nancy Chodorow, *The Reproduction of Mothering*, além da grande diatribe *Contra os filhos*, de Lina Meruane. Quanto aos problemas dentro do feminismo para aceitar as empregadas domésticas como trabalhadoras, recorri às excelentes obras de Elizabeth Hutchison e Asunción Lavrin. E, sobre como o papel da empregada doméstica reedita a lógica dos conquistadores/ conquistados, Ana Millaleo e Adrienne Rich, ambas citadas na bibliografia. Finalmente, sobre raiva e feminilidade, recomendo os livros de Elizabeth V. Spelman, Marilyn Frye e Sianne Ngai.

EPÍLOGO: O TEATRO DO CASTIGO

Sobre as diferenças entre perdão e clemência, especialmente claros são Jeffrie Murphy e Jean Hampton. E, sobre gênero e indulto, Carol Jacobsen, Lora Bex Lempert e Vivien Miller. Por fim, sobre feminismo e transgressão, foi fundamental ler e reler as filósofas Judith Butler e Sara Ahmed e a crítica argentina Josefina Ludmer.

Créditos das imagens

"UM MORTO PARA O CORAÇÃO": CORINA ROJAS

p. 21: "La doble personalidad", *Corre-Vuela*, ano IX, n. 424, 9 fev. 1916. Arquivo: Biblioteca Nacional do Chile.

p. 26: "El crimen de la calle Lord Cochrane", *Corre-Vuela*, ano IX, n. 423, 2 fev. 1916. Arquivo: Biblioteca Nacional do Chile.

p. 32: Folhetim *El crimen de la calle Lord Cochrane*, J. Aníbal Pinto, 1916. Arquivo: Biblioteca Nacional do Chile. Seção chilena. Coleção geral.

p. 36: Ilustração de Jorge Sangts: "La doble personalidad", *Corre-Vuela*, ano IX, n. 224, 9 fev. 1916. Arquivo: Biblioteca Nacional do Chile. / Retrato de Jorge Sangts: "El crimen de la calle Lord Cochrane", *Corre-Vuela*, ano IX, n. 423, 2 fev. 1916. Arquivo: Biblioteca Nacional do Chile.

p. 38: Arquivo pessoal da autora.

p. 40: "El proceso por el crimen de la calle Lord Cochrane toca su fin", *Corre--Vuela*, ano X, 12 dez. 1917. Arquivo: Biblioteca Nacional do Chile.

p. 42: Arquivo pessoal da autora.

pp. 44, 46: Folhetim *El sensacional crimen de la calle Lord Cochrane*, V.D.R., 1916. Arquivo: Biblioteca Nacional do Chile. Seção chilena. Coleção geral.

p. 47: Folhetim *El crimen de la calle Lord Cochrane*, J. Aníbal Pinto, 1916. Arquivo: Biblioteca Nacional do Chile. Seção chilena. Coleção geral.

p. 50: Publicidade em *El Mercurio*, 16 ago. 1916. Arquivo: Biblioteca Nacional do Chile.

"SOB O IMPÉRIO DA CÓLERA": ROSA FAÚNDEZ

pp. 63, 71, 72, 75, 86: "El suplementero estrangulado y mutilado", *Zig-Zag*, n. 956, 16 jun. 1923. Arquivo: Biblioteca Nacional do Chile.

p. 79: "La cabeza del mutilado es encontrada ayer", *El Diario Ilustrado*, 11 jun. 1923, p. 7. Arquivo: Biblioteca Nacional do Chile.

p. 89: "El crimen de 'Las cajitas de agua'", *Vea*, n. 1757, 1º mar. 1973, p. 12. Arquivo: Biblioteca Nacional do Chile.

p. 97: Exibição da artista Josefina Guilisasti. Reprodução autorizada pela artista.

"APROXIMAR-SE DO SILÊNCIO": MARÍA CAROLINA GEEL

p. 103: "Charla en voz baja con María Carolina Geel", *Eva*, ano XV, n. 605, 19 out. 1956. Arquivo: Biblioteca Nacional do Chile.

pp. 107, 108, 145: "Asesinato en el hotel Crillón", *Clarín*, ano I, n. 205, 15 abr. 1955. Arquivo: Biblioteca Nacional do Chile.

p. 112: "Disparos en el Crillón", por Rodrigo Miranda. *Qué pasa*, n. 1533, 26 ago. 2000, p. 80. Arquivo: Biblioteca Nacional do Chile.

p. 125: María Carolina Geel por volta de 1956: "Charla en voz baja con María Carolina Geel", *Eva*, ano XV, n. 605, 19 out. 1956. Arquivo: Biblioteca Nacional do Chile. / María Luisa Bombal por volta de 1935, fotografia de Baltazar Robles. Memória Chilena, Arquivo: Biblioteca Nacional do Chile, Arquivo do Escritor. Disponível em: <http://www.memoriachilena.cl/602/w3-article-99226.html>. Acesso em: 20 nov. 2022.

p. 126: Diário de María Carolina Geel. Arquivo: Biblioteca Nacional do Chile, Arquivo do Escritor.

p. 138: Carta de Gabriela Mistral a Carlos Ibáñez del Campo. Arquivo: Biblioteca Nacional Digital de Chile, Arquivo do Escritor. Disponível em: <http://www.bibliotecanacionaldigital.cl/bnd/623/w3-article-137211.html>.

p. 141: Carta de Gabriela Mistral a María Carolina Geel. Arquivo: Biblioteca Nacional Digital de Chile, Arquivo do Escritor. Disponível em: <http://www.bibliotecanacionaldigital.cl/bnd/623/w3-article-138484.html>. Acesso em: 15 maio 2023.

"COMO SE FOSSE DA FAMÍLIA": MARÍA TERESA ALFARO

p. 149: "Los cuatro horrendos crímenes de la niñera", *Vea*, n. 1281, 14 nov. 1963. Arquivo: Biblioteca Nacional do Chile.

p. 167: "La asesina de las mamaderas envenenadas", *Vea*, n. 1281, 14 nov. 1963. Arquivo: Biblioteca Nacional do Chile.

p. 176: Retrato de Magaly Ramírez y Sergio España: "Los cuatro horrendos crímenes de la niñera", *Vea*, n. 1281, 14 nov. 1963. Arquivo: Biblioteca Nacional do Chile. / Retrato de Teresa Alfaro: "Reo por ocho crímenes la envenenadora de Buin", *Las Últimas Noticias*, 30 nov. 1963. Arquivo: Biblioteca Nacional do Chile.

p. 187: Fotografía de Teresa Alfaro: "Los cuatro horrendos crímenes de la niñera", *Vea*, n. 1281, 14 nov. 1963. Arquivo: Biblioteca Nacional do Chile. / Ilustração de Teresa Alfaro: "El caso de las mamaderas envenenadas", por Manuel San Martín, *En Viaje*, n. 394, ago. 1966, p. 20. Arquivo: Biblioteca Nacional do Chile.

EPÍLOGO: O TEATRO DO CASTIGO

p. 193: Corina Rojas: "El crimen de la calle Lord Cochrane", *Corre-Vuela*, ano IX, n. 423, 2 fev. 1916. Arquivo: Biblioteca Nacional do Chile. / Rosa Faúndez: "A la 1 de la madrugada se descubre el crimen", *El Diario Ilustrado*, 16 jun. 1923, p. 18. Arquivo: Biblioteca Nacional do Chile.

p. 194: Carolina Geel: "Asesinato en el hotel Crillón", *Clarín*, ano I, n. 205, 15 abr. 1955. Arquivo: Biblioteca Nacional do Chile. / Teresa Alfaro: "Los cuatro horrendos crímenes de la niñera", *Vea*, n. 1281, 14 nov. 1963. Arquivo: Biblioteca Nacional do Chile.

Referências bibliográficas

AGOSÍN, Marjorie. "Una bruja novelada: 'La Quintrala' de Magdalena Petit". *Chasqui*, n. 12 , pp. 3-13, 1982.

_____. *Silencio e imaginación: Metáforas de la escritura femenina.* México: Editorial Katún, 1986.

AHMED, Sara. *The Promise of Happiness.* Durham: Duke University Press, 2010.

_____. *The Cultural Politics of Emotion.* Edimburgo: Edinburgh University Press, 2015.

ARYA, Rina. *Abjection and Representation: An Exploration of Abjection in the Visual Arts, Film and Literature.* Londres: Palgrave Macmillan, 2014.

_____. "Taking apart the body". *Performance Research* 19.1, pp. 5-14, 2014.

AVELAR, Idelber. *Alegorías de la derrota: La ficción postdictatorial y el trabajo del duelo.* Santiago: Cuarto Propio, 2000.

BAEZA, Pamela. "Desde la sumisión a la rebeldía: El deseo de sujeto femenino y su negación como estrategia de subversión en la obra de María Carolina Geel". In: *Sociedad, cultura y literatura*, compilado por Santiago Arcos, pp. 193-211. Quito: Flacso, 2009.

BATAILLE, Georges. "L'Abjection et les Formes Misérables". In: *Oeuvres Complètes* II. Paris: Gallimard, 1970.

BEARD, Mary. *Mujeres y poder.* Madri: Planeta, 2018. [ed. bras.: *Mulheres e poder: um manifesto.* São Paulo: Planeta do Brasil, 2018]

BECKMAN, Enricka. "Imperial Impersonations: Chilean Racism and the War of the Pacific". *E-Misférica 5.2.*

BENADAVA, Santiago. *Crímenes y casos célebres*. Santiago: Lexis Nexis, 2002.

BIRCH, Helen (Org.). *Moving Targets: Women, Murder and Representation*. Londres: Virago, 1993.

BLACK, Joel. *The Aesthetics of Murder: A Study in Romantic Literature and Contemporary Culture*. Baltimore: Johns Hopkins University Press, 1991.

BONGERS, Wolfgang. "El cine y su llegada a Chile: conceptos y discursos". *Taller de Letras*, n. 46, pp. 151-74, 2010.

BORNAY, Erika. *Las hijas de Lilith*. Madri: Cátedra, 1995.

BÓRQUEZ, Rita. "Identidad de género y control social: Una aproximación desde los significados construidos por las mujeres criminalizadas como homicidas". Santiago: Universidad de Chile, 2008. Tese (doutorado em Sociologia).

BRONFEN, Elisabeth. *Over Her Dead Body: Death, Femininity and the Aesthetic*. Manchester: Manchester University Press, 1992.

BRUNT, Rosalind. "Love Is in the Air". *Marxism Today*, pp. 18-21, fev. 1988.

BRYSON, Norman. *Looking at the Overlooked: Four Essays on Still Life Painting*. Cambridge: Harvard University Press, 1990.

BUTLER, Judith. *Bodies That Matter: On the Discursive Limits of Sex*. Nova York: Routledge, 1993. [ed. bras.: *Corpos que importam*, São Paulo: n-1 edições, 2019]

_____. *Giving an Account of Oneself*. Nova York: Fordham University Press, 2005. [ed. bras.: *Relatar a si mesmo: Crítica da violência ética*, São Paulo: Autêntica, 2015]

_____. *Precarious Life: The Power of Mourning and Violence*. Nova York: Verso Books, 2006.

_____. *El género en disputa*. Madri: Paidós, 2007.

CAFFARENA, Elena (Org.). *La mujer nueva. Diario del movimiento de emancipación de la mujer chilena* (MEMCH).

CASTILLO, Alejandra. "Las aporías de un feminismo liberal: Martina Barros traductora de Stuart Mill". In: Martina Barros, *Prólogo a la esclavitud de la mujer*. Santiago: Palinodia, 2009.

CASTRO, Alfredo; LOMBARDO, Francesca; PÉREZ, Rodrigo. *Historia de la sangre*. Teatro La Memoria. Santiago: s/n., 1991.

_____. "La puesta en escena como lugar del crimen". *Apuntes*, n. 107, pp. 91-3, 1994.

CHIUMINATTO, Pablo. "Un paisaje referencial", em Catálogo Bodegones de la Galería Fundación Gasco (pp. 20-9), Santiago, 2006.

CHODOROW, Nancy. *The Reproduction of Mothering: Psychoanalysis and the Sociology of Gender*. Berkeley: University of California Press, 1978.

CIXOUS, Hélène. "Castration or Decapitation?". In: *Feminist Literary Theory: A Reader*, editado por Mary Eagleton, pp. 322-5. Oxford: Wiley-Blackwell, 1995.

_____. "The Laugh of the Medusa". In: *Feminist Literary Theory: A Reader*, editado por Mary Eagleton, pp. 327-32. Oxford: Wiley-Blackwell, 1995.

CLARO, Samuel. *Chilena o cueca tradicional*. Santiago: Ediciones Universidad Católica, 2011.

CORREA SUTIL, Sofía. *Historia del siglo XX chileno: Balance paradojal*. Santiago: Sudamericana, 2001.

CORREA TÉLLEZ, Josefina. "La inmigración como 'problema' o el resurgir de la raza: Racismo general, racismo cotidiano y su papel en la conformación de la nación". In: *Racismo en Chile: La piel como marca de la inmigración*, editado por María Emilia Tijoux, pp. 35-47. Santiago: Editorial Universitaria, 2016.

COSTAMAGNA, Alejandra. *Cruce de peatones*. Santiago: Ediciones UDP, 2012.

CREED, Barbara. *The Monstrous-Feminine: Film, Feminism, Psychoanalysis*. Londres; Nova York: Routledge, 1993.

CRITES, Laura L. *The Female Offender*. Lexington, MA: Lexington Books, 1976.

CUADRA, Ivonne. *La Quintrala en la literatura chilena*. Madri: Editorial Pliegos, 1999.

DE BEAUVOIR, Simone. *The Second Sex*. Londres: Vintage, 1997. [ed. bras.: *O segundo sexo*. 2. ed. Rio de Janeiro: Nova Fronteira, 2012]

DE ROUGEMONT, Denis. *Amor y Occidente*. Madri: Kairos, 1979.

DELSING, Riet. "Adulterio: ¿Asunto público o privado?". In: *Discurso, género y poder*, editado por Eugenia Brito e Alejandra Farías, pp. 193-203. Santiago: Lom Ediciones-La Morada, 1997.

DÍAZ ARRIETA, Hernán. "Plumas nacionales: María Carolina Geel", *Zig-Zag*, n. 59, 1955.

_____. Prólogo a *Cárcel de mujeres* de María Carolina Geel. Santiago: Cuarto propio, 2000.

DIANA, Marta. *Mujeres guerrilleras: Sus testimonios en la militancia de los setenta*. Santiago: Planeta, 2006.

DOANE, Mary Ann. *Femmes Fatales: Feminism, Film, Theory, Psychoanalysis*. Nova York; Londres: Routledge, 1991.

DONOSO, Catalina. "¿Espectador en acción?: Representación e identificación del pueblo/masa en *El Chacal de Nahueltoro*". *Aisthesis*, n. 47, pp. 100-14, 2010.

DROGUETT, Carlos. *60 muertos en la escalera*. Santiago: Nascimento, 1953.

DUBATTI, Jorge. "Teatro La Memoria: Una estética de la patria". *Apuntes*, n. 112, 1997.

ELTIT, Diamela. *Crónica del sufragio femenino en Chile*. Santiago: Servicio Nacional de la Mujer, 1994.

_____. "Mujeres que matan". Prólogo a *Cárcel de Mujeres*, de María Carolina Geel. Santiago: Cuarto Propio, 2000.

_____. "Mujer, frontera y delito". In: *Emergencias: Escritos sobre literatura, arte y política*, pp. 94-103. Santiago: Editorial Planeta; Ariel, 2000.

_____. "Cantante y sonante". In: *Mujeres chilenas: Fragmentos de una historia*, compilado por Sonia Montecino, pp. 389-93. Santiago: Catalonia, 2008.

FIOL-MATTA, Licia. *A Queer Mother for the Nation: The State and Gabriela Mistral*. Minneapolis: University of Minnesota, 2001.

FOSTER, Hal. *The Return of the Real: Art and Theory at the End of the Century*. Cambridge: MIT Press, 1996.

FOUCAULT, Michel. "The Dangerous Individual". In: *Politics, Philosophy, Culture: Interviews and Other Writings 1977-1984*, editado por Lawrence D. Kristzman, pp. 125-51. Nova York: Routledge, 1990.

_____. *Discipline and Punish: The Birth of the Prison*. Londres: Penguin, 1991. [ed. bras.: *Vigiar e punir: Nascimento da prisão*. 42. ed. Petrópolis: Editora Vozes, 2014]

_____. *I, Pierre Rivière, Having Slaughtered My Mother, My Sister, and My Brother: A Case of Parricide in the 19th Century*. Lincoln Neb.: Bison Books, 1992. [ed. bras.: *Eu, Pierre Riviere, que Degolei Minha Mãe, Minha Irmã e Meu Irmão...*, São Paulo: Paz e Terra, 2018]

_____. *Ethics: Subjectivity and Truth: Essential Works of Foucault, 1954-1984*. Nova York: The New Press, 1998.

_____. *Historia de La Sexualidad I: La Voluntad de Saber*. México: Siglo XXI, 1999.

_____. *Yo, Pierre Rivière, habiendo degollado a mi madre, a mi hermana y a mi hermano*. Madri: Tusquets, 2002.

_____. *Abnormal: Lectures at the Collège de France 1974-1975*. Nova York: Picador, 2003.

_____. *Wrong Doing, Truth-Telling: The Function of Avowal in Justice*, editado por Fabienne Brion e Bernard E. Harcourt. Chicago: University of Chicago Press, 2014.

FREUD, Sigmund. *Beyond the Pleasure Principle*. Londres: Dover, 2015. [ed. bras.: *Além do princípio do prazer*. Porto Alegre: L&PM, 2016]

FRYE, Marilyn. *Politics of Reality*. Trumansburg, NY: Crossing Press, 1983.

GAVIOLA, Edda. *Queremos votar en las próximas elecciones: Historia del movimiento femenino chileno, 1913-1952*. Santiago: La Morada; Fempress, 1985.

GEEL, María Carolina. *Cárcel de mujeres*. Santiago: Zig-Zag, 1956.

_____. *Cárcel de mujeres*. Santiago: Cuarto Propio, 2000.

GENET, Jean. *Les Bonnes/The Maids*. Paris: Folio, 1978.

GUERRA, Lucía. "Subjetividades lesbianas en los espacios no inscritos de la identidad". *Aisthesis*, n. 50, pp. 157-71, 2011.

GUERRERO, Omar. *Mujeres fusiladas en Chile*. Santiago: Olimpo Editores, 2002.

HART, Lynda. *Fatal Women: Lesbian Sexuality and the Mark of Aggression*. Londres: Routledge, 1994.

HENDIN, Josephine. *Heartbreakers: Women and Violence in Contemporary Culture and Literature*. Nova York: Palgrave Macmillan, 2004.

HURTADO, María de la Luz. "Construcción de identidades en la dramatización de la realidad chilena". *Latin American Theatre Review* 34.1, pp. 43-65, outono, 2000.

_____. "Teatro chileno: Historicidad y autorreflexión". *Nuestra América*, n. 7, pp. 143-58, ago.-dez. 2009.

HUTCHISON, Elizabeth Q. *Labors Appropriate to Their Sex Gender, Labor, and Politics in Urban Chile, 1900-1930*. Durham: Duke University Press, 2001.

_____. "Muchas Zitas: La juventud obrera católica y la empleada de casa particular". In: *Mujeres: Historias chilenas del siglo XX*, editado por Julio Pinto. Santiago: Lom Ediciones, 2010.

ILLANES, María Angélica. *Nuestra historia violeta: Feminismo social y vidas de mujeres*. Santiago: Lom Ediciones, 2012.

IRIGARAY, Luce. "When our lips speak together", *Signs 6.1*, pp. 69-89, outono, 1980.

_____. "The Bodily Encounter with the Mother". In: *The Irigaray Reader*, editado por Margaret Whitford, pp. 34-46. Cambridge: Blackwell, 1991.

_____. "The Powers of Discourse and the Subordination of the Feminine". In: *Feminist Literary Theory: A Reader*, editado por Mary Eagleton, pp. 316-20. Oxford: Wiley-Blackwell, 1995.

ITURRIAGA, Jorge. "Rentabilidad y aceptación: La imagen de Chile en el cine argumental, 1910-1920". *Cátedra de Artes Universidad Católica*, n. 2, pp. 67-87, 2006.

_____. *La masificación del cine en Chile 1907-1932*. Santiago: Lom Ediciones, 2015.

JEWKES, Yvonne. *Media and Crime*. Londres: Sage, 2004.

JIMENO, Myriam. *Crimen pasional: Contribución a una antropología de las emociones*. Bogotá: Editorial Universidad Nacional de Colombia, 2004.

JONES, Ann. *Women Who Kill*. Boston: Beacon Press, 1996.

JONES, Jennifer. *Medea's Daughters: Forming and Performing the Woman Who Kills*. Columbus: Ohio State University Press, 1996.

KIRKWOOD, Julieta. *Feminismo y participación política en Chile*. Santiago: FLACSO, 1982.

_____. *Ser política en Chile: Los nudos de la sabiduría feminista*. Santiago: Cuarto Propio, 1986.

_____. *Ser política en Chile: Las feministas y los partidos*. Santiago: FLACSO, 1986.

KORD, Susanne. *Murderesses in German Writing: 1720-1860: Heroines of Horror*. Cambridge: Cambridge University Press, 2009.

KRAUSS, Rosalind. *Formless: A Users Guide*. Cambridge: MIT Press, 1997.

KRISTEVA, Julia. *Powers of Horror: An Essay on Abjection*. Nova York: Columbia University Press, 1982.

_____. "Stabat Mater". *Poetics Today 6½, Special Issue: The Female Body in Western Culture: Semiotic Perspectives*, pp. 133-52, 1985.

KUHN, Annette. *Women's Pictures: Feminism and Cinema*. Londres; Nova York: Verso Books, 1993.

LABARCA, Amanda. *Feminismo contemporáneo*. Santiago: Zig-Zag, 1947.

LAGOS, Soledad. "Teatro La Memoria: Hacia una poética de la marginalidad en el teatro chileno de los años noventa". *Apuntes 112*, pp. 104-14, 1997.

LAUTIER, Bruno. "La empleada doméstica latinoamericana y la sociología del trabajo: Algunas observaciones acerca del caso brasileño". *Revista Mexicana de Sociología* 65.4, pp. 789-814, out.-dez. 2003.

LAVRIN, Asunción. *Women, Feminism, and Social Change in Argentina, Chile, and Uruguay, 1890-1940*. Lincoln: University of Nebraska Press, 1995.

LEDEZMA, Ana María. "Integración en celuloide: Nación y mujer en el cine mudo chileno (1917-1918)". In: *Prácticas culturales, discursos y poder en América Latina*, editado por Germán Cossio. Santiago: Centro de Estudios Culturales Latinoamericanos, Universidad de Chile, 2009.

LIEBERMAN, Lisa. "Crimes of Reason, Crimes of Passion: Suicide and the Adulterous Woman in Nineteenth-Century France". *Journal of Family History* 24.2, pp. 131-47, 1999.

LLANOS, Bernardita. "Tradición e historia en la narrativa femenina en Chile: Petit y Valdivieso frente a La Quintrala". *Revista Iberoamericana* 8, pp. 1025-37, jul.-dez. 1994.

_____. "Pasión que mata: Cárcel de Mujeres de María Carolina Geel". *Signos literarios* 2.1, pp. 127-33, 2005.

_____. *Passionate Subjects/Split Subjects in Twentieth-Century Literature in Chile.* Lewisburg: Bucknell University Press, 2009.

LOMBROSO, Cesare; FERRERO, Guglielmo. *The Female Offender.* Nova York: D. Appleton, 1895.

LUDMER, Josefina. "Tretas del débil". In: *La sartén por el mango: Encuentro de escritoras latinoamericanas*, editado por Patricia González e Eliana Ortega, pp. 47-54. Puerto Rico: Huracán, 1985.

_____. *El cuerpo del delito: Un manual.* Buenos Aires: Perfil/Básicos, 1999. [ed. bras.: *O corpo do delito: Um manual.* Belo Horizonte: Editora UFMG, 2002]

LYKKE, Nina; BRAIDOTTI, Rosi (Orgs.). *Monsters, Goddesses and Cyborgs: Feminist Confrontations with Science, Medicine and Cyberspace.* Londres; Atlantic Highlands, NJ: Zed Books, 1996.

LYMAN, Peter. "The Domestication of Anger". *European Journal of Social Theory* 7.2, pp. 133-47, 2004.

MERUANE, Lina. "Sangre de narices". In: *Con pasión: Antología*, editada por Marco Antonio de la Parra, pp. 123-35. Santiago: Editorial Planeta, 2000.

_____. *Contra los hijos.* Santiago: Literatura Random House, 2018. [ed. bras.: *Contra os filhos.* São Paulo: Todavia, 2018]

MILLALEO, Ana. "Ser 'nana' en Chile: Un imaginario cruzado por género e identidad étnica". In: *Mujeres y pueblos originarios: Luchas y resistencias hacia la descolonización*, compilado por Andrea Millaray Painemal. Santiago: Pehuén-CIIR, 2016.

MISTRAL, Gabriela. *Epistolario americano: Gabriela Mistral y su continente.* Santiago: Das Kapital Ediciones, 2012.

MOI, Toril. *Sexual/Textual Politics: Feminist Literary Theory.* Londres; Nova York: Methuen, 1985.

MONTECINO, Sonia. *Madres y huachos. Alegorías del mestizaje chileno.* Santiago: Cuarto Propio, 1991.

_____. *Brujas y hechiceras.* Santiago: Sernam, 1994.

_____ (Org.). *Mujeres chilenas: Fragmentos de una historia.* Santiago: Catalonia, 2008.

MOONEY, Jadwiga E. Pieper. *The Politics of Motherhood: Maternity and Women's Rights in Twentieth-Century Chile*. Pittsburgh: University of Pittsburgh Press, 2009.

MORALES, Ana María. "El encarcelamiento y la reincidencia femenina". *Revista de Derecho Penitenciario 4*, pp. 2-9, dez. 2013-mar. 2014.

MORALES, Marcelo. "1911-1920: Buscando un símbolo patrio". *Cine Chile*, 9 jul. 2013. Disponível em: <https://cinechile.cl/1911-1920-buscando-un-simbolo-patrio/>. Acesso em: 15 maio 2023.

MORRISSEY, Belinda. *When Women Kill: Questions of Agency and Subjectivity*. Londres; Nova York: Routledge, 2003.

MOULIAN, Tomás. *Chile actual: Anatomía de un mito*. Santiago: LOM Ediciones, 1997.

MULVEY, Laura. "Visual Pleasure and Narrative Cinema". *Screen* 16.3, pp. 6-18, outono, 1975.

MUÑOZ, Alicia. "Reading Killing Women in Latin America: Narratives of Twentieth Century Latin America". Cornell University, 2009. Tese (doutorado).

MURPHY, Jeffrie; HAMPTON, Jean. *Forgiveness and Mercy*. Cambridge: Cambridge University Press, 1988.

NGAI, Sianne. *Ugly Feelings*. Cambridge: Cambridge University Press, 2005.

NOCHLIN, Linda. *The Body in Pieces: The Fragment as a Metaphor of Modernity*. Londres: Thames and Hudson, 1994.

NOGUERA, Damián. "Historia de la sangre de Alfredo Castro: Entre lo real y lo perverso". *Catedral Tomada* 1.2, pp. 69-82, 2013.

NORIEGA, Teobaldo. "Carlos Droguett: Una aventura literaria comprometida con el hombre". *Literatura Chilena, Creación y Crítica*, n. 19, pp. 4-9, mar. 1982.

NUSSBAUM, Martha. *Hiding from Humanity: Disgust, Shame, and the Law*. Nova Jersey: Princeton University Press, 2004.

OLEA, Raquel. "El poder de decir. Escritura ensayística". In: *Mujeres chilenas: Fragmentos de una historia*", compilado por Sonia Montecino, pp. 289-96. Santiago: Catalonia, 2008.

_____. "Mujeres que matan: Dos relatos situados entre el silencio y lo monstruoso". In: *Mujeres y violencia: Silencios y resistencias*, editado por Elena Aguila, pp. 97-105. Santiago: Red Chilena contra la Violencia Doméstica y Sexual, 2011.

OPAZO, Cristián. "Un mapa en el suelo: Apuntes sobre las dramaturgias chilenas del Bicentenario". *Nuestra América*, n. 7, pp. 127-42, ago.-dez. 2009.

PEARCE, Lynne; STACEY, Jackie (Orgs.). *Romance Revisited*. Nova York: New York University Press, 1995.

PICCATO, Pablo. "El significado político del homicidio en México en el siglo XX". *Cuicuilco* 15.43, pp. 57-80, ago. 2008.

PURCELL, Fernando. "Cine y censura en Chile: Entre lo local y lo transnacional, 1910-1945". *Atenea*, n. 503, pp. 187-201, 2011.

QUINCEY, Thomas de. *On Murder*. Editado por Robert Morrison. Oxford: Oxford University Press, 2009.

RADWAY, Janice. *Reading the Romance: Women, Patriarchy, and Popular Literature*. Chapel Hill: University of North Carolina Press, 1984.

RICHARD, Nelly. *Masculino/femenino: Prácticas de la diferencia y cultura democrática*. Santiago: Francisco Zegers Editor, 1993.

_____. "Feminismo, experiencia y representación". *Crítica Cultural y Teoría Literaria Latinoamericanas*, n. 62, pp. 733-44, 1996.

_____. *Feminismo, género y diferencia(s)*. Santiago: Palinodia, 2008.

_____. *Crítica de la memoria*. Santiago: Ediciones Universidad Diego Portales, 2010.

RIVERA, Carla. "Mujeres malas: La representación del delito femenino en la prensa de principios del siglo XX". *Revista de Historia Social y de las Mentalidades* VIII, v. 1-2, pp. 91-111, 2004.

ROBLES, Andrea. "La liga de damas chilenas: De la cruzada moralizadora al sindicalismo femenino católico: 1912-1918". Dissertação (mestrado em Estudos de Gênero e Cultura). Santiago: Universidad de Chile, 2013.

ROJAS, Jorge. *Los suplementeros: Los niños y la venta de diarios. Chile: 1880- -1954*. Santiago: Ariadna Ediciones, 2006.

ROSEMBLATT, Karin Alejandra. *Gendered Compromises: Political Cultures and the State in Chile, 1920-1950*. Chapel Hill: University of North Carolina Press, 2000.

RUEDA, María Helena. "Prisión, género y literatura". *Hispamérica*, n. 9, pp. 103-8, 2003.

SALAZAR, Gabriel. *Del poder constituyente de asalariados e intelectuales: Chile siglos XX y XXI*. Santiago: LOM ediciones, 2009.

SALINAS, Maximiliano. *Versos por fusilamiento: El descontento popular ante la pena de muerte en Chile en el siglo XIX*. Santiago: Fondart, 1993.

SALVATTORE, Ricardo; AGUIRRE, Carlos (Orgs.). *The Birth of the Penitentiary in Latin America: Essays on Criminology, Prison Reform and Social Control 1830-1949*. Austin: University of Texas Press, 1996.

SANTA CRUZ, Eduardo. "El cine chileno y su discurso sobre lo popular: Apuntes para un análisis histórico". *Comunicación y Medios*, n. 18, pp. 57-69, 2008.

SANTA CRUZ, Lucía. *Tres ensayos sobre la mujer chilena: Siglos XVII, XIX, XX*. Santiago: Editorial Universitaria, 1978.

SANTANA, Alberto. *Grandezas y miserias del cine chileno*. Santiago: Misión, 1957.

SARABIA, Rosa. "Doña Catalina de los Ríos y Lisperguer y la construcción del monstruo Quintrala", *Anales de Literatura Chilena* 1.1, pp. 35-52, dez. 2000.

SARLO, Beatriz. *El imperio de los sentimientos*. Buenos Aires: Catálogos Editora, 1985.

SARTRE, Jean-Paul. "Las sirvientas". In: *San Genet, Comediante y Mártir*. Buenos Aires: Losada, 1967.

SEAL, Lizzie. *Women, Murder and Femininity: Gender Representations of Women Who Kill*. Nova York: Palgrave, 2010.

SERRANO, Claudia. *Estado, mujeres y política social en Chile*. Santiago: Cieplán, 1992.

SERRANO, Margarita. "El caso de las mamaderas envenenadas". *El Mercurio*, 1º abr. 2006.

SILVA, Uca. *Lo demás es silencio: La mujer en la crónica roja*. Quito: Ceplaes, 1998.

SMART, Carol. *Women, Crime and Criminology: A Feminist Critique*. Londres: Routledge, 1976.

SOCOLOW, Susan Migden. *The Women of Colonial Latin America*. Cambridge: Cambridge University Press, 2000.

SOMMER, Doris. "Irresistible Romance: The Foundational Fictions of Latin America". In: *Nation and Narration*, editado por H. Bhabba, pp. 71-98. Nova York: Routledge, 1990.

_____. *Foundational Fictions: The National Romances of Latin America*. Berkeley: University of California Press, 1991.

SOUTO, Luz Celestina. "Mujeres asesinas: Una nueva configuración del rol femenino". In: *El género negro: El fin de la frontera*, editado por Javier Sánchez e Alez Martín, pp. 327-34. Santiago de Compostela: Andavira, 2012.

SPELMAN, Elizabeth V. "Anger and Insubordination". In: *Women, Knowledge and Reality: Explorations in Feminist Philosophy*, editado por Anne Garry e Marilyn Pearsall, pp. 263-73. Nova York; Londres: Routledge, 1996.

STOTT, Rebecca. *The Fabrication of the Late-Victorian Femme Fatale: The Kiss of Death*. Londres: MacMillan Press, 1992.

SUBERCASEAUX, Bernardo. *Historia de las ideas y de la cultura en Chile: El centenario y las vanguardias*. Santiago: Editorial Universitaria, 2004.

_____. "Raza y Nación: El caso de Chile". *A Contracorriente* 5.1, pp. 29-63, outono 2007.

TAMAYO, Caridad. *Hombres sin mujer y mujeres sin hombre: Tanteos al universo carcelario en la novela hispanoamericana*. La Habana: Letras Cubanas, 2005.

TAYLOR, Diana. *The Archive and the Repertoire: Performing Cultural Memory in the Americas*. Durham; Londres: Duke University Press, 2003.

TINSMAN, Heidi. *Partners in Conflict: The Politics of Gender, Sexuality, and Labor in the Chilean Agrarian Reform, 1950-1973*. Durham: Duke University Press, 2002.

THOMAS, Gwynn. *Contesting Legitimacy in Chile: Familial Ideals, Citizenship, and Political Struggle, 1970-1990*. University Park: Pennsylvania State University Press, 2011.

TORREALBA, María José. *Ansiedades censoras: Discursos emergentes sobre moral y cine en Chile (1910-1925)*.

TYLER, Imogen. *Revolting Subjects: Social Abjection and Resistance in Neoliberal Britain*. Londres: Zed Books, 2013.

VERGARA, René. *Crímenes inolvidables*. Santiago: Ernesto Carmona Editor, 2000.

VICUÑA MACKENNA, Benjamín. *Los Lisperguer y La Quintrala*. Valparaíso: El Mercurio, 1877.

WEEDON, Chris. *Feminist Practice and Poststructuralist Theory*. Cambridge: Wiley-Blackwell, 1996.

WOOLF, Virginia. *The Collected Essays of Virginia Woolf*. Londres: Sumner Press, 2013.

ZALAQUETT, Cherie. *Chilenas en armas: Testimonios e historia de mujeres militares y guerrilleras subversivas*. Santiago: Catalonia, 2009.

ZÁRATE, María Soledad. "Vicious Women, Virtuous Women: The Female Delinquent and the Santiago de Chile Correctional House". In: *The Birth of the Penitentiary in Latin America: Essays on Criminology, Prison Reform and Social Control 1830-1949*, editado por Ricardo Salvattore e Carlos Aguirre, pp. 78-100. Austin: University of Texas Press, 1996.

Obra editada en el marco del Programa de Apoyo a la Traducción para Editoriales Extranjeras de la División de las Culturas, las Artes, el Patrimonio y la Diplomacia Pública (DIRAC) del Ministerio de Relaciones Exteriores de Chile

Publicado no âmbito do Programa de Apoio à Tradução para Editores Estrangeiros da Divisão de Culturas, Artes, Patrimônio e Diplomacia Pública (DIRAC) do Ministério das Relações Exteriores do Chile

Título original: *Las homicidas*

EDITORA Juliana de A. Rodrigues
EDIÇÃO Julia Bussius
ASSISTENTES EDITORIAIS Mariana Correia Santos e Millena Machado
PREPARAÇÃO Adriane Piscitelli
REVISÃO Eduardo Russo e Denise Camargo
DIRETORA DE ARTE Julia Monteiro
CAPA Tereza Bettinardi
IMAGEM DA CAPA Montagem com fotos das personagens
do livro: Corina Rojas, Rosa Faúndez, María Carolina Geel
e María Teresa Alfaro
TRATAMENTO DE IMAGENS Julia Thompson
PROJETO GRÁFICO Alles Blau
EDITORAÇÃO ELETRÔNICA Página Viva

Dados Internacionais de Catalogação na Publicação (CIP)
(Câmara Brasileira do Livro, SP, Brasil)

Trabucco Zerán, Alia
    As homicidas / Alia Trabucco Zerán ; tradução Silvia Massimini
Felix. — 1. ed. — São Paulo : Fósforo, 2023.

    Título original: Las homicidas
    Bibliografia.
    ISBN: 978-65-84568-28-0

    1. Ensaios chilenos I. Título.

23-148412   CDD — c864

Índice para catálogo sistemático:
1. Ensaios : Literatura chilena   c864

Eliane de Freitas Leite — Bibliotecária — CRB-8/8415

Editora Fósforo
Rua 24 de Maio, 270/276, 10º andar, salas 1 e 2 — República
01041-001 — São Paulo, SP, Brasil — Tel: (11) 3224.2055
contato@fosforoeditora.com.br / www.fosforoeditora.com.br

Este livro foi composto em GT Alpina e GT Flexa e impresso pela Ipsis em papel Pólen Natural 80 g/m² da Suzano para a Editora Fósforo em junho de 2023.